"IA pas de soucis ?"

ANGE.L

Préambule

L'intelligence artificielle (IA) émerge concrètement dans les années 1950, une période caractérisée par des progrès significatifs en informatique et en théorie des algorithmes. La conférence de Dartmouth en 1956, organisée par des figures emblématiques comme John McCarthy et Marvin Minsky, représente un tournant décisif qui a établi l'IA comme un champ d'étude formel. Dans les décennies qui ont suivi, les chercheurs ont créé des programmes capables de résoudre des problèmes spécifiques, tels que le jeu d'échecs ou la reconnaissance vocale, bien que ces systèmes initiaux soient souvent restés confinés à des tâches limitées.

L'IA se distingue du logiciel. En effet, un logiciel traditionnel exécute des instructions préprogrammées sans capacité d'apprentissage, tandis que l'IA applique des algorithmes et des modèles statistiques pour traiter des données, s'adapter et optimiser ses performances au fil du temps. Les avancées récentes en matière d'apprentissage automatique et de réseaux de neurones ont considérablement fait progresser l'IA, permettant à ces systèmes d'accomplir des tâches complexes avec un niveau d'autonomie et de sophistication jamais atteint auparavant.

L'intelligence artificielle (IA) est devenue, en quelques décennies, un pilier incontournable de notre société, transformant des aspects de notre vie que nous n'aurions jamais imaginés. Des avancées spectaculaires permettent aujourd'hui à l'IA de diagnostiquer des maladies, d'optimiser l'apprentissage des étudiants, de préserver les ressources naturelles et même de prédire des phénomènes climatiques. Cependant, cette technologie d'une puissance inédite suscite autant de fascination que de craintes.

Que signifie réellement l'intégration de l'IA dans notre quotidien, et quelles conséquences en découleront pour l'humanité ?

L'objectif de ce livre est de démystifier l'intelligence artificielle et d'explorer ses potentialités tout autant que ses dangers. À travers des domaines variés – des soins de santé à l'éducation, en passant par l'économie et l'environnement – nous verrons comment l'IA peut se révéler un formidable outil pour résoudre des problèmes complexes.

En parallèle, nous examinerons les risques de dérives et les questions éthiques qui se posent, notamment en matière de vie privée, de biais algorithmiques ou encore de militarisation de l'IA.

Enfin, nous plongerons dans les débats philosophiques et prospectifs sur l'avenir de cette technologie : pourrait-elle un jour devenir consciente ? Comment pourrions-nous alors envisager une collaboration harmonieuse entre l'homme et la machine ?

"IA pas de soucis ?" invite à une réflexion profonde et nuancée sur l'intelligence artificielle, ses promesses et ses pièges. Ce livre s'adresse à tous ceux qui souhaitent comprendre ce phénomène en pleine expansion et se préparer aux défis et aux opportunités qu'il soulève. Il n'est ni question de glorifier l'IA aveuglément, ni de l'incriminer systématiquement, mais bien de nous doter des outils nécessaires pour en faire un allié éclairé, respectueux de nos valeurs humaines.

Remerciements

À mon éditeur, dont le soutien, les conseils et l'exigence de qualité ont permis de donner à ce livre toute sa structure et sa profondeur. Votre confiance et votre expertise ont été des alliés essentiels à chaque étape de ce projet. Merci pour votre rigueur et votre engagement, sans lesquels ce livre n'aurait pu voir le jour.

À ma famille, dont le soutien indéfectible a été une source constante de motivation. Merci pour votre patience, vos encouragements et votre compréhension face aux heures passées plongé dans ce projet. Vos présences bienveillantes ont été un ancrage précieux.

À mes amis et proches, qui m'ont accompagné de leurs encouragements et de leur bienveillance. Vos questions, remarques et parfois même vos doutes m'ont aidé à enrichir et affiner mes idées. Merci pour votre écoute et vos encouragements qui ont fait toute la différence.

Enfin, un remerciement tout particulier aux auteurs composant la bibliographie, ce livre n'aurait pas pu atteindre cette profondeur et cette justesse sans leur savoir.

Je vous remercie tous de m'avoir inspiré dans cette aventure.

"IA pas de soucis ?"

Plan du Livre

Introduction

Présentation du concept d'IA et de son évolution rapide.

Établissement des enjeux liés à l'IA pour l'humanité.

Objectifs du livre : explorer les bénéfices potentiels et les dangers de l'IA.

Chapitre 1 : L'IA et les soins de santé

1.1 Diagnostic et traitement assistés par IA

Utilisation de l'IA pour analyser les données médicales.

Prédiction des maladies et personnalisation des traitements.

1.2 Robotique chirurgicale

Précision accrue des interventions chirurgicales grâce à des robots assistés par IA.

1.3 Suivi des patients

Applications d'IA pour le suivi à distance des patients, notamment pour les maladies chroniques.

Chapitre 2 : L'IA dans l'éducation

2.1 Apprentissage personnalisé

Utilisation d'algorithmes pour adapter les programmes d'apprentissage aux besoins individuels.

2.2 Tutorat virtuel

Rôle des IA dans le soutien scolaire, avec des chatbots et des assistants virtuels.

2.3 Préparation à l'avenir

Comment l'IA peut préparer les étudiants aux compétences du futur (coding, pensée critique).

Chapitre 3 : L'IA pour l'environnement

3.1 Gestion des ressources naturelles

Utilisation d'IA pour surveiller et gérer l'utilisation des ressources en eau et en énergie.

3.2 Prévision climatique

Modèles prédictifs alimentés par l'IA pour anticiper et atténuer les effets du changement climatique.

3.3 Conservation de la biodiversité

Applications de l'IA pour surveiller et protéger les espèces menacées.

Chapitre 4 : L'IA et l'économie

4.1 Automatisation des emplois

Impact de l'IA sur l'emploi : création de nouveaux métiers et destruction de certains.

4.2 Innovation dans les entreprises

Exemples de startups et entreprises qui utilisent l'IA pour transformer leur modèle économique.

4.3 IA et inégalités économiques

Analyse des risques d'inégalités croissantes dues à l'accès inégal à l'IA.

Chapitre 5 : Les dérives de l'IA

5.1 Surveillance et vie privée

Risques de surveillance de masse avec des technologies d'IA.

5.2 Biais algorithmiques

Comment les biais dans les données peuvent conduire à des discriminations et des inégalités.

5.3 Armement et IA

Discussion sur l'utilisation de l'IA dans des systèmes d'armement autonomes.

Chapitre 6 : Éthique et régulation de l'IA

6.1 Cadres juridiques et éthiques

Analyse des lois et réglementations existantes sur l'IA dans le monde.

6.2 Responsabilité et transparence

Qui est responsable des décisions prises par des systèmes d'IA ?

6.3 Le rôle des citoyens

Comment les citoyens peuvent s'impliquer dans le débat sur l'IA et ses conséquences.

Chapitre 7 : L'avenir de l'IA

7.1 Vers une IA consciente ?

Débats sur la possibilité d'une IA consciente et ses implications éthiques.

7.2 La coopération entre l'humain et la machine

Comment l'IA peut compléter l'intelligence humaine au lieu de la remplacer.

7.3 Prudence et vision optimiste pour l'avenir

Scénarios positifs pour une cohabitation harmonieuse entre l'humanité et l'IA.
Cas d'utilisations néfastes de l'intelligence artificielle.
Autre cas et hypothèse d'utilisation de l'intelligence artificielle.

Conclusion

Synthèse des points clés abordés dans le livre.

Appel à la responsabilité collective dans le développement et l'utilisation de l'IA.

Réflexion finale sur la question : "IA pas de soucis, mais à quelles conditions ?"

Annexes : Exemple de dialogue avec une IA

Glossaire des termes techniques liés à l'IA.

Ressources complémentaires : Films en lien l'IA.

Introduction

Le concept d'intelligence artificielle et son ascension fulgurante

L'intelligence artificielle (IA) est bien plus qu'une simple innovation technologique. Elle est devenue en quelques décennies une force capable de redéfinir nos vies, notre travail, et même notre perception du monde. Mais de quoi parle-t-on exactement ? L'IA, dans son essence, désigne des systèmes qui imitent certains aspects de la cognition humaine : analyser, interpréter, et, dans certains cas, "apprendre". Partie de calculs rudimentaires dans les années 1950, elle s'est hissée jusqu'à des applications d'une complexité stupéfiante – des voitures autonomes aux robots chirurgicaux.

Cette évolution a suivi un rythme à couper le souffle, rendu possible par des avancées en puissance de calcul, en traitement des données, et en algorithmes de "machine learning". Aujourd'hui, l'IA est intégrée dans nos téléphones, nos recommandations en ligne, nos systèmes de sécurité, bref, partout où elle peut se glisser. Mais ce n'est que le début : l'IA ne fait pas qu'assister, elle promet aussi de transformer radicalement, et cette promesse est aussi captivante que vertigineuse.

Les enjeux de l'IA : un pari pour l'avenir de l'humanité

Derrière cette accélération fulgurante se cachent des enjeux d'une ampleur inédite. Car l'IA ne se limite pas à optimiser ou prédire ; elle remet en question des valeurs fondamentales. Les perspectives ? Bien sûr, elles sont immenses : imaginez un monde où l'IA permettrait d'éradiquer des maladies, de prévoir les catastrophes naturelles, de concevoir des villes parfaitement adaptées à nos besoins. Mais l'IA n'est pas sans zones d'ombre. Elle peut aussi creuser des inégalités sociales, menacer notre vie privée, et renforcer les biais existants, dictés par des algorithmes aussi performants qu'implacables. Et si elle devient un instrument de surveillance massive ? Ou, pire encore, une arme ?

Nous nous trouvons donc face à une décision fondamentale : quelle place voulons-nous réellement accorder à cette technologie dans notre société ?

Il s'agit de maîtriser cette force avec un équilibre délicat, pour qu'elle serve nos idéaux sans trahir nos valeurs.

Quels cadres éthiques et légaux ? Quelles frontières poser, et à quel prix ? Autant de questions cruciales auxquelles nous devons répondre, avant que l'IA ne décide pour nous.

Objectifs du livre

Cet ouvrage a été conçu comme une exploration des multiples facettes de l'intelligence artificielle. Son but est de lever le voile sur cette technologie aussi prometteuse que redoutable, en la présentant sous toutes ses coutures : ses applications fascinantes, ses promesses, mais aussi ses risques. Vous serez invité à parcourir des domaines aussi divers que la santé, l'éducation, l'économie et l'environnement, pour comprendre comment l'IA pourrait bien redessiner nos vies dans chaque aspect. Ce voyage n'est pas là pour imposer une vision optimiste ou alarmiste, mais pour poser les vraies questions et explorer les choix qui nous attendent.

Au fil des pages, vous découvrirez les innombrables possibilités de l'IA, et les précautions qu'elle exige. Car cette technologie est aussi puissante que fragile, et son avenir, comme le nôtre, dépendra des décisions que nous prendrons ensemble. Nous sommes au bord d'une ère nouvelle, fascinante, incertaine, et il est temps de décider si, et comment, nous voulons l'apprivoiser.

Chapitre 1

L'IA et les soins de santé

L'intégration de l'intelligence artificielle (IA) dans le domaine des soins de santé est en train de redéfinir la manière dont les professionnels de la santé diagnostiquent, traitent et suivent leurs patients. Grâce à des avancées technologiques significatives, l'IA permet d'améliorer la qualité des soins, d'accroître l'efficacité des traitements et de rendre les soins plus accessibles. Ce chapitre explore trois axes principaux : le diagnostic et le traitement assistés par IA, la robotique chirurgicale, et le suivi des patients.

1.1 Diagnostic et traitement assistés par IA

L'IA joue un rôle de plus en plus crucial dans le diagnostic médical, offrant des outils puissants pour analyser des données complexes et en extraire des informations utiles. L'utilisation d'algorithmes d'apprentissage automatique permet aux systèmes d'IA d'identifier des modèles dans des ensembles de données vastes, ce qui peut aider à prédire l'apparition de maladies et à personnaliser les traitements en fonction des caractéristiques uniques de chaque patient.

Analyse des données médicales

L'un des aspects les plus révolutionnaires de l'IA dans le diagnostic médical est sa capacité à traiter de grandes quantités de données provenant de diverses sources, telles que les dossiers médicaux électroniques, les résultats de tests de laboratoire et les données d'imagerie médicale. Par exemple, Les systèmes d'intelligence artificielle sont en mesure d'examiner des images radiographiques et d'identifier des anomalies, comme des tumeurs, avec une exactitude qui dépasse souvent celle des radiologues humains. Des études ont montré que certains algorithmes d'IA atteignent des taux de précision comparables, voire supérieurs, à ceux des experts en radiologie, ce qui ouvre la voie à des diagnostics plus rapides et plus fiables.

Prédiction des maladies et personnalisation des traitements

L'IA ne se limite pas à la détection des maladies, elle peut également prédire les risques de maladies chroniques chez des individus en analysant des facteurs de risque tels que les antécédents familiaux, le mode de vie et les données biométriques.

Ces informations permettent aux professionnels de santé de proposer des interventions préventives adaptées à chaque patient.

Par exemple, des modèles prédictifs peuvent aider à identifier les patients à risque de développer un diabète de type 2, permettant ainsi de mettre en place des programmes de prévention ciblés.

La personnalisation des traitements est une autre dimension clé de l'utilisation de l'IA dans la santé. Grâce à des algorithmes sophistiqués, il est désormais possible d'adapter les protocoles de traitement en fonction des caractéristiques génétiques et cliniques de chaque patient.

Cela est particulièrement pertinent dans le domaine de l'oncologie, où les thérapies ciblées peuvent être ajustées en fonction du profil moléculaire des tumeurs.

1.2 Robotique chirurgicale

La robotique chirurgicale est un domaine où l'IA a véritablement transformé les pratiques médicales. Les systèmes de chirurgie assistée par robot combinent la dextérité humaine avec la précision des machines, permettant des interventions chirurgicales moins invasives et avec un risque réduit de complications.

Précision accrue des interventions

Les robots chirurgicaux, comme le système da Vinci, offrent aux chirurgiens la possibilité de réaliser des opérations avec une précision au millimètre près. Équipés de bras robotiques et de caméras haute définition, ces systèmes offrent une visualisation améliorée du site opératoire, ce qui est particulièrement bénéfique dans des procédures complexes comme la chirurgie urologique ou gynécologique. Les avantages incluent des incisions plus petites, une réduction de la douleur post-opératoire et un temps de récupération plus rapide pour les patients.

Formation et assistance

En plus de leur utilisation en salle d'opération, les robots peuvent également servir à former les futurs chirurgiens.

Des simulateurs robotisés permettent aux étudiants en médecine de s'exercer à des techniques chirurgicales dans un environnement contrôlé.

Améliorant ainsi leur compétence et leur confiance avant d'intervenir sur des patients réels.

De plus, l'IA peut analyser les performances des chirurgiens, fournissant des retours d'information en temps réel pour aider à perfectionner leurs compétences.

1.3 Suivi des patients

Le suivi des patients est un autre domaine dans lequel l'IA a fait des avancées significatives, notamment en ce qui concerne la gestion des maladies chroniques. Les technologies de suivi à distance permettent de surveiller l'état de santé des patients sans nécessiter de visites fréquentes à l'hôpital, ce qui est particulièrement précieux dans le contexte de la pandémie de COVID-19.

Applications d'IA pour le suivi à distance

Les dispositifs médicaux connectés, tels que les montres intelligentes et les capteurs portables, collectent des données sur la santé des patients en temps réel, y compris la fréquence cardiaque, la pression artérielle et le niveau d'activité physique. Ces données sont ensuite analysées par des algorithmes d'IA qui peuvent détecter des signes précoces de complications ou d'aggravation de l'état de santé. Par exemple, un patient souffrant d'insuffisance cardiaque peut être alerté en cas d'augmentation anormale de son poids, ce qui peut indiquer une rétention d'eau.

Amélioration de la qualité de vie

Le suivi à distance ne se limite pas à la surveillance des symptômes, il offre également un soutien psychologique aux patients. Les applications d'IA peuvent fournir des conseils de santé personnalisés, des rappels de prise de médicaments et des encouragements, favorisant ainsi l'adhésion aux traitements et améliorant la qualité de vie des patients.

De plus, ces outils facilitent la communication entre les patients et les professionnels de la santé, permettant des ajustements rapides dans les traitements en fonction des besoins évolutifs des patients.

Conclusion

En résumé de ce premier Chapitre, l'introduction de l'intelligence artificielle dans le domaine des soins de santé apporte des améliorations considérables en matière de diagnostic, de traitement et de suivi des patients. Grâce à l'analyse de données massives et à des algorithmes avancés, l'IA permet des diagnostics plus précis, des traitements personnalisés et un suivi plus efficace.

Alors que les technologies continuent d'évoluer, il est essentiel de les intégrer de manière éthique et responsable dans les systèmes de santé, afin d'améliorer les résultats pour les patients et de rendre les soins de santé plus accessibles à tous.

L'IA dans les soins de santé représente non seulement une avancée technologique, mais aussi un changement de paradigme dans la manière dont nous envisageons le bien-être et la prise en charge des patients.

Sources

- *Esteva, A., Kuprel, B., Swetter, S. M., Blau, H., & Thrun, S. (2017). Nature.*
- *Rajpurkar, P., Irvin, J., Zhu, K., & Yang, B. (2017). CheXNet: Radiologist-Level Pneumonia Detection on Chest X-Rays with Deep Learning.*
- *Tzeng, J. H., & Chiu, T. (2016). International Journal of Medical Robotics and Computer Assisted Surgery.*
- *Satava, R. M. (2014). Surgical Endoscopy.*
- *Steinhubl, S. R., Muse, E. D., & Topol, E. J. (2013). JAMA.*
- *Klasnja, P., & Pratt, W. (2012). Journal of Biomedical Informatics.*
- *McKinsey & Company. (2020). The future of healthcare: How digital technology is transforming the way we care for ourselves.*

Chapitre 2

L'IA dans l'éducation

L'introduction de l'intelligence artificielle (IA) dans le domaine de l'éducation représente un tournant décisif, transformant la manière dont les étudiants apprennent et interagissent avec le savoir. Grâce à des avancées technologiques considérables, l'IA a le potentiel de rendre l'éducation plus accessible, inclusive et adaptée aux besoins individuels des apprenants. Ce chapitre explore trois axes majeurs : l'apprentissage personnalisé, le tutorat virtuel, et la préparation des étudiants aux compétences de demain.

2.1 Apprentissage personnalisé

L'apprentissage personnalisé repose sur l'idée que chaque élève possède un style d'apprentissage unique et que les méthodes d'enseignement doivent s'ajuster à ces différences pour être véritablement efficaces. Les algorithmes d'IA permettent cette personnalisation en analysant les performances et les comportements des élèves, afin de proposer un parcours éducatif sur mesure.

Utilisation d'algorithmes pour adapter les programmes d'apprentissage

Les plateformes éducatives intégrant l'IA utilisent des données collectées à partir des interactions des étudiants avec les contenus pédagogiques. Ces données peuvent inclure le temps passé sur chaque leçon, le succès aux évaluations, et même les erreurs récurrentes. Grâce à cette analyse, les systèmes d'IA peuvent identifier les forces et les faiblesses de chaque apprenant. Par exemple, si un élève démontre une difficulté persistante dans la compréhension des fractions, l'IA peut proposer des ressources supplémentaires ciblées sur ce concept, comme des vidéos explicatives ou des exercices pratiques, permettant ainsi à l'élève de renforcer ses compétences à son rythme.

Exemple : Plateformes d'apprentissage adaptatif

Des initiatives comme **DreamBox Learning** pour les mathématiques utilisent des algorithmes adaptatifs pour offrir des exercices spécifiques en fonction des performances des élèves.

En mesurant les progrès en temps réel, ces systèmes ajustent la difficulté des questions et le type de problèmes posés, garantissant que l'apprentissage est continuellement aligné avec les besoins de l'élève.

Les résultats montrent que les étudiants utilisant des systèmes adaptatifs comme celui-ci présentent des améliorations significatives en termes de compréhension et de performance académique.

Avantages de l'apprentissage personnalisé

L'apprentissage personnalisé ne se limite pas à une simple adaptation des contenus ; il favorise également l'engagement des élèves. En rendant l'expérience d'apprentissage plus pertinente et motivante, les systèmes d'IA contribuent à réduire l'ennui et la démotivation, des facteurs souvent cités comme des obstacles à l'apprentissage. Par ailleurs, en intégrant des éléments de ludification (gamification), les plateformes d'IA stimulent l'intérêt des élèves par des défis, des badges et des classements, renforçant ainsi leur motivation intrinsèque.

2.2 Tutorat virtuel

Avec l'essor des technologies numériques, le soutien scolaire a également évolué grâce aux chatbots et aux assistants virtuels. Ces outils intelligents offrent un accompagnement éducatif en temps réel, permettant aux élèves d'obtenir des réponses à leurs questions et de clarifier leurs doutes de manière instantanée.

Rôle des IA dans le soutien scolaire

Les chatbots, souvent intégrés dans des applications éducatives, utilisent des techniques de traitement du langage naturel (NLP) pour comprendre et répondre aux demandes des étudiants. Ces assistants virtuels peuvent gérer une multitude de requêtes, allant des explications de concepts académiques à l'aide pour les devoirs, en passant par des conseils pour la gestion du temps et des techniques d'étude. Cette disponibilité continue constitue un atout majeur, notamment pour les étudiants qui étudient en dehors des heures de classe traditionnelles.

Exemple : Chatbots éducatifs

Des plateformes comme **Socratic** de Google exploitent l'IA pour permettre aux élèves de poser des questions sur divers sujets scolaires. Les étudiants peuvent photographier un problème mathématique ou poser une question sur une œuvre littéraire, et le chatbot répond avec des explications détaillées et des ressources complémentaires.

Ce type d'interaction permet non seulement d'assister les élèves dans leur apprentissage immédiat, mais également de favoriser l'autonomie et la curiosité intellectuelle.

Avantages du tutorat virtuel

Le tutorat virtuel facilite également l'inclusion. Les étudiants ayant des besoins éducatifs spéciaux ou ceux qui peuvent être réticents à demander de l'aide en classe trouvent souvent un soutien dans ces outils virtuels. Les chatbots offrent un environnement sans jugement où les élèves peuvent interagir librement, poser des questions répétées, et approfondir leur compréhension à leur propre rythme. De plus, ils peuvent proposer des exercices supplémentaires en fonction des performances antérieures, offrant ainsi un soutien ciblé et personnalisé.

2.3 Préparation à l'avenir

L'une des fonctions cruciales de l'IA dans l'éducation est sa capacité à préparer les étudiants aux compétences essentielles du futur. À mesure que le monde évolue, il devient impératif d'inculquer aux jeunes des compétences telles que le codage, la pensée critique, et la capacité de résoudre des problèmes complexes.

Comment l'IA peut préparer les étudiants aux compétences du futur

Les compétences techniques, notamment la programmation et la compréhension des technologies émergentes, sont de plus en plus recherchées sur le marché du travail. Les outils éducatifs basés sur l'IA peuvent intégrer des modules de codage dans les programmes scolaires dès le plus jeune âge, rendant ainsi l'apprentissage de ces compétences plus accessible. Par exemple, des applications comme **Code.org** et **Tynker** utilisent des approches ludiques pour enseigner le codage aux enfants, en leur permettant de créer leurs propres jeux et applications tout en apprenant les bases de la programmation.

Importance de la pensée critique

Outre les compétences techniques, l'IA joue un rôle fondamental dans l'enseignement de la pensée critique et de la résolution de problèmes. Les plateformes d'apprentissage qui intègrent des simulations et des scénarios basés sur des situations réelles encouragent les élèves à réfléchir de manière analytique et à prendre des décisions éclairées.

Par exemple, des programmes comme **SimCityEDU** permettent aux étudiants de gérer une ville virtuelle, les confrontant à des défis en matière d'urbanisme et de développement durable, ce qui stimule leur capacité à analyser les conséquences de leurs choix.

Éducation à la citoyenneté numérique

Enfin, la préparation des élèves à l'avenir ne se limite pas aux compétences techniques et analytiques. L'éducation à la citoyenneté numérique, qui englobe des thèmes tels que la sécurité en ligne, l'éthique numérique, et l'utilisation responsable des technologies, devient également cruciale. Les outils d'IA peuvent intégrer des modules sur la cybersécurité et la désinformation, apprenant aux élèves à naviguer dans un monde numérique complexe et parfois dangereux. Des applications éducatives comme **Common Sense Education** offrent des ressources et des leçons sur ces sujets, permettant aux élèves de développer une conscience critique de leur environnement numérique.

Conclusion

En conclusion de ce second chapitre, l'intelligence artificielle révolutionne le paysage éducatif en permettant un apprentissage personnalisé, en facilitant un tutorat virtuel accessible, et en préparant les étudiants aux compétences requises pour un avenir dynamique. Alors que ces technologies continuent à se développer, elles offrent des opportunités sans précédent pour rendre l'éducation plus engageante, inclusive et adaptée aux besoins des apprenants. Toutefois, il est essentiel d'accompagner cette évolution par une réflexion éthique et des pratiques inclusives, afin que l'IA serve de levier pour améliorer l'éducation pour tous. L'intégration de l'IA dans l'éducation n'est pas simplement une tendance technologique, mais un impératif pour répondre aux défis du monde moderne et former des citoyens compétents et responsables.

Sources

- *Luckin, R., Holmes, W., Griffiths, M., & Forcier, L. B. (2016). Pearson.*
- *HolonIQ. (2021). Global AI in Education Market.*
- *D'Mello, S. K., & Graesser, A. C. (2015). Educational Psychologist.*
- *Luckin, R. (2018). UCL Institute of Education Press.*
- *World Economic Forum. (2020). The Future of Jobs Report 2020.*
- *National Education Technology Plan. (2017). U.S. Department of Education.*
- *Ribble, M. (2015). International Society for Technology in Education (ISTE).*
- *Common Sense Media. (2021). Digital Citizenship Curriculum.*
- *Google. (2019). AI for Education: Examples of Using AI in Education.*
- *Code.org. (2021). About Code.org.*
- *McKinsey & Company. (2021).*

Chapitre 3

L'IA pour l'environnement

L'intelligence artificielle (IA) joue un rôle croissant dans la protection de l'environnement, en offrant des solutions innovantes pour la gestion des ressources naturelles, la prévision climatique et la conservation de la biodiversité. Alors que le monde fait face à des défis environnementaux majeurs, tels que le changement climatique et la perte de biodiversité, l'IA émerge comme un outil puissant pour aider à relever ces défis. Ce chapitre explore trois axes principaux : la gestion des ressources naturelles, la prévision climatique, et la conservation de la biodiversité.

3.1 Gestion des ressources naturelles

La gestion des ressources naturelles est essentielle pour garantir un avenir durable, surtout dans un contexte où la demande en eau et en énergie continue d'augmenter. L'IA contribue à une gestion plus efficace de ces ressources, permettant d'optimiser leur utilisation tout en minimisant le gaspillage.

Surveillance de l'utilisation des ressources

Les systèmes basés sur l'IA permettent une surveillance en temps réel de l'utilisation des ressources, offrant des données précieuses pour les gestionnaires. Par exemple, des capteurs intelligents peuvent être déployés pour suivre la consommation d'eau dans l'agriculture et l'industrie.

Ces dispositifs, couplés à des algorithmes d'analyse de données, permettent d'identifier les schémas de consommation, de détecter les fuites et d'optimiser les processus pour réduire les pertes. En agriculture, des systèmes d'irrigation intelligents, alimentés par des prévisions météorologiques et des données sur l'humidité du sol, permettent d'appliquer l'eau uniquement lorsque cela est nécessaire, favorisant ainsi une utilisation plus responsable des ressources hydriques.

Optimisation de la production d'énergie

L'IA est également utilisée pour optimiser la production et la distribution d'énergie. Les réseaux électriques intelligents (smart grids) utilisent des algorithmes d'IA pour équilibrer l'offre et la demande d'électricité, ce qui est crucial dans un contexte de transition vers les énergies renouvelables.

En intégrant des données provenant de sources d'énergie renouvelables, telles que le solaire et l'éolien.

L'IA peut prévoir la production d'énergie en fonction des conditions météorologiques, améliorant ainsi la fiabilité et l'efficacité des systèmes énergétiques.

De plus, des modèles d'IA peuvent analyser les habitudes de consommation des utilisateurs pour proposer des solutions de gestion de l'énergie à la fois plus efficaces et adaptées. Par exemple, en identifiant les périodes de forte consommation, des stratégies peuvent être mises en place pour encourager une utilisation réduite de l'énergie pendant ces moments, contribuant ainsi à diminuer la pression sur le réseau.

3.2 Prévision climatique

La lutte contre le changement climatique nécessite une compréhension approfondie des tendances climatiques et des impacts futurs. L'IA apporte des capacités prédictives qui permettent d'anticiper ces changements et de mettre en place des mesures d'atténuation et d'adaptation.

Modèles prédictifs alimentés par l'IA

Les modèles climatiques traditionnels reposent sur des simulations complexes qui intègrent des données provenant de différentes sources. L'IA améliore ces modèles en traitant de vastes ensembles de données, y compris des observations satellites, des données météorologiques historiques et des modèles océaniques. Par exemple, des algorithmes de machine learning peuvent être utilisés pour prédire les événements climatiques extrêmes, tels que les ouragans et les inondations, avec une précision accrue.

Ces prédictions permettent aux gouvernements et aux communautés de se préparer et de réagir efficacement face à des conditions climatiques défavorables.

Atténuation des effets du changement climatique

En outre, l'IA contribue à la modélisation des impacts du changement climatique sur les écosystèmes et les sociétés humaines. Des outils d'IA peuvent évaluer les effets potentiels de différentes stratégies d'atténuation, comme la réduction des émissions de gaz à effet de serre ou l'augmentation des surfaces végétales.

Ces évaluations aident à orienter les décisions politiques et les investissements vers des solutions qui maximisent l'impact positif sur le climat.

L'analyse des données environnementales à l'aide de l'IA permet également de concevoir des systèmes d'alerte précoce, fournissant des informations cruciales pour la gestion des crises environnementales.

En utilisant des réseaux de capteurs et des algorithmes de prédiction, les autorités peuvent être averties en cas de risques accrus d'inondations, de sécheresses ou d'autres catastrophes naturelles, leur permettant ainsi d'agir rapidement pour protéger les populations vulnérables.

3.3 Conservation de la biodiversité

La perte de biodiversité représente l'un des défis environnementaux les plus pressants de notre époque. L'IA offre des outils précieux pour surveiller et protéger les espèces menacées, contribuant ainsi à la conservation des écosystèmes.

Applications de l'IA pour le suivi des espèces

Des applications d'IA sont développées pour le suivi des populations d'espèces menacées. Par exemple, les caméras à détection de mouvement, associées à des algorithmes d'analyse d'image, permettent de surveiller la faune dans des habitats naturels. Ces systèmes peuvent identifier et compter les animaux, fournissant des données essentielles sur la santé des populations et les tendances de conservation. Cela est particulièrement utile dans des zones difficiles d'accès ou lorsque le personnel de terrain est limité.

Protection des habitats

L'IA est également utilisée pour protéger les habitats critiques en analysant les menaces potentielles.

Les modèles d'IA peuvent identifier des zones à risque en fonction de données environnementales, telles que la déforestation, l'urbanisation et les activités humaines. Ces analyses permettent aux organisations de conservation de cibler leurs efforts là où ils sont le plus nécessaires, maximisant ainsi l'impact de leurs actions.

En outre, l'IA facilite la sensibilisation du public à la conservation de la biodiversité. Des applications interactives permettent aux utilisateurs de s'engager avec des données sur la faune et la flore locales, de participer à des programmes de suivi citoyen, et de mieux comprendre les enjeux liés à la biodiversité. Cette approche renforce la sensibilisation et l'engagement communautaire en faveur de la protection des écosystèmes.

Conclusion

L'intelligence artificielle émerge comme un outil indispensable dans la lutte pour la protection de l'environnement. En permettant une gestion plus efficace des ressources naturelles, en améliorant les prévisions climatiques et en soutenant la conservation de la biodiversité, l'IA offre des solutions innovantes face aux défis environnementaux actuels. Alors que la technologie continue d'évoluer, il est essentiel de l'intégrer de manière réfléchie et éthique dans les stratégies de durabilité.

L'IA peut ainsi jouer un rôle clé pour garantir un avenir où l'équilibre entre développement humain et préservation de l'environnement est maintenu, contribuant à un monde plus durable pour les générations futures.

Sources

- *Heller, M. L., & Raghavan, S. (2020). Natural Resources Forum.*
- *WWF. (2021). World Wildlife Fund.*
- *Bandi, R. K., et al. (2021). Renewable and Sustainable Energy Reviews.*
- *Rolnick, D., et al. (2019). ACM Conference on Artificial Intelligence, Ethics, and Society.*
- *Rasp, S., & Thuiller, W. (2021). Nature Climate Change.*
- *Chuang, W., & Sun, S. (2020). Geoscientific Model Development.*
- *Anderson, K., & Gonzalez, A. (2020). Frontiers in Ecology and the Environment.*
- *Bouchard, J., et al. (2018). Biodiversity and Conservation.*
- *Murray, N. J., et al. (2021). Trends in Ecology & Evolution.*
- *Global Environment Facility. (2020).*
- *United Nations Environment Programme. (2021).*

Chapitre 4

L'IA et l'économie

L'intelligence artificielle (IA) s'impose progressivement comme un moteur essentiel de transformation économique dans le monde moderne. Les technologies basées sur l'IA redéfinissent la manière dont les entreprises fonctionnent, influencent la structure de l'emploi et engendrent de nouvelles dynamiques économiques. Ce chapitre examine trois axes majeurs : l'impact de l'automatisation sur l'emploi, l'innovation au sein des entreprises grâce à l'IA, et les implications de cette technologie sur les inégalités économiques.

4.1 Automatisation des emplois

L'automatisation est sans conteste l'un des effets les plus visibles de l'intégration de l'IA dans l'économie. Selon une étude du McKinsey Global Institute, environ 60 % des emplois actuels pourraient être automatisés dans une certaine mesure par les technologies d'IA et d'automatisation d'ici 2030. Se pose dès lors la question cruciale de la destruction des emplois traditionnels versus la création de nouveaux postes.

Impact sur l'emploi

L'automatisation entraîne la suppression de certaines fonctions, notamment celles qui impliquent des tâches répétitives et prévisibles. Par exemple, dans le secteur manufacturier, les robots peuvent accomplir des tâches de production avec une efficacité et une précision supérieure à celles des travailleurs humains. De même, dans le secteur des services, des chatbots alimentés par l'IA prennent en charge des fonctions de service client, réduisant ainsi le besoin d'interaction humaine.

Cette transformation ne signifie pas simplement une réduction de l'emploi. L'IA génère également de nouveaux métiers qui requièrent des compétences techniques avancées. Par exemple, des postes tels que les analystes de données, les développeurs d'IA et les spécialistes en cybersécurité connaissent une demande croissante. Selon le Forum économique mondial, des millions d'emplois pourraient émerger dans des domaines tels que la maintenance des systèmes d'IA et le développement d'algorithmes.

Adaptation

Pour répondre à ces évolutions, la mise à jour des compétences des travailleurs est primordiale. Des programmes de formation continue doivent être mis en place pour préparer les employés à naviguer dans un paysage professionnel en constante évolution.

Les entreprises qui adoptent des initiatives de requalification contribuent à atténuer les effets négatifs de l'automatisation. Des exemples de programmes de formation réussis incluent ceux mis en œuvre par des géants technologiques comme Amazon, qui investissent dans la formation de leurs employés aux nouvelles technologies pour les aider à s'adapter.

4.2 Innovation

L'intégration de l'IA stimule également l'innovation au sein des entreprises, entraînant des changements significatifs dans leurs modèles économiques. De nombreuses startups émergent avec des solutions basées sur l'IA, qui réinventent les secteurs traditionnels.

Exemples de startups et d'entreprises innovantes

Prenons l'exemple de **Zest AI**, une startup qui utilise l'IA pour analyser les données de crédit et aider les institutions financières à prendre des décisions de prêt plus éclairées. En remplaçant les méthodes traditionnelles d'évaluation du crédit, Zest AI permet à des millions de consommateurs d'accéder à des crédits qu'ils n'auraient pas obtenus par le passé.

Un autre exemple significatif est cereMetrix, qui emploie des algorithmes d'intelligence artificielle pour optimiser la détection du cancer du sein à partir de mammographies. En augmentant la précision du diagnostic, CureMetrix contribue non seulement à améliorer les résultats de santé, mais également à réduire les coûts associés aux erreurs de diagnostic.

Des modèles économiques d'entreprises traditionnelles intègrent également l'IA dans leurs opérations pour optimiser leur efficacité. Par exemple, General Electric utilise des systèmes d'IA pour surveiller et analyser les performances de ses équipements industriels, réduisant ainsi les coûts de maintenance et améliorant la productivité. Grâce à ces innovations, les entreprises non seulement augmentent leur rentabilité, mais créent aussi des solutions qui répondent aux enjeux environnementaux, comme la réduction des émissions de carbone.

4.3 IA et inégalités économiques

L'IA soulève également des préoccupations quant aux inégalités économiques.

L'accès inégal aux technologies d'IA peut exacerber les disparités existantes entre les pays développés et en développement, ainsi qu'au sein même des sociétés.

Risques d'inégalités croissantes

Les pays dotés de ressources suffisantes pour investir dans l'IA bénéficient d'un avantage concurrentiel. Par exemple, les États-Unis et la Chine dominent actuellement le secteur de l'IA, avec des investissements massifs en recherche et développement, tandis que de nombreux pays en développement et peu technologiques peinent à suivre le rythme. Cela crée un fossé qui pourrait conduire à une concentration des richesses et des opportunités dans les régions où l'IA est adoptée rapidement.

De plus, au sein des pays, les emplois peu qualifiés, sont les plus susceptibles d'être automatisés avec un risque de perte d'emploi pour les travailleurs concernes. Les inégalités de revenus peuvent ainsi se creuser, car ceux qui possèdent des compétences technologiques avancées peuvent tirer parti des nouvelles opportunités créées par l'IA, tandis que les autres sont laissés pour compte.

Solutions pour atténuer les inégalités

Pour remédier à ces inégalités il est crucial de promouvoir l'accès équitable à l'éducation et à la formation en technologies numériques. Les gouvernements, les institutions et les entreprises doivent collaborer pour mettre en place des programmes de formation qui touchent un large éventail de la population, en particulier les groupes sous-représentés dans le secteur technologique.

Des initiatives telles que **Code.org** et **Girls Who Code** s'efforcent d'enseigner le codage et les compétences numériques à des jeunes issus de milieux défavorisés, contribuant ainsi à élargir l'accès à des carrières en technologie. De plus, des politiques publiques favorisant l'investissement dans des infrastructures dans les régions moins développées ou moins numériques peuvent aider à réduire le fossé numérique.

<u>Conclusion</u>

Pour terminer ce chapitre 4, retenons que l'intelligence artificielle est à la fois un moteur de transformation économique et un défi en matière d'équité.

Si elle offre des opportunités sans précédent pour l'innovation et la création d'emplois, elle soulève également des préoccupations légitimes quant à l'automatisation des emplois et aux inégalités économiques croissantes.

Pour maximiser les avantages de l'IA tout en minimisant ses impacts négatifs, il est impératif que les décideurs politiques, les entreprises et les éducateurs travaillent ensemble à l'élaboration de stratégies inclusives qui favorisent l'accès à la formation et aux technologies pour tous.

Sources

- *McKinsey Global Institute. (2017). A Future that Works: Automation, Employment, and Productivity.*
- *World Economic Forum. (2020). The Future of Jobs Report 2020.*
- *Brynjolfsson, E., & McAfee, A. (2014). The Second Machine Age: Work, Progress, and Prosperity in a Time of Brilliant Technologies. W.W. Norton & Company.*
- *Zest AI. (2021). Reinventing Credit Risk with AI.*
- *CureMetrix. (2021). AI for Mammography: Transforming Breast Cancer Detection.*
- *General Electric. (2021). Digital Wind Farm: Redefining Energy Efficiency.*
- *OECD. (2019). The Role of Artificial Intelligence in Shaping Future Education and Skills.*
- *Bessen, J. E. (2019). AI and Jobs: The Role of Demand. NBER Working Paper No. 24235.*
- *Code.org. (2021). About Code.org.*
- *World Bank. (2021). World Development Report 2021: Data for Better Lives.*
- *United Nations. (2021). The Impact of AI on the Future of Work.*

Chapitre 5

Les dérives de l'IA

Si l'intelligence artificielle (IA) offre de nombreuses opportunités de progrès et de transformation, elle soulève également des questions éthiques et des risques majeurs pour les droits humains et les valeurs démocratiques. Ce chapitre examine trois dérives importantes liées à l'utilisation de l'IA : les risques de surveillance et d'intrusion dans la vie privée, les biais algorithmiques et leurs effets potentiellement discriminatoires, ainsi que les implications de l'IA dans le domaine de l'armement.

5.1 Surveillance et vie privée

Les technologies d'IA appliquées à la surveillance ont transformé la manière dont les individus sont surveillés, souvent sans leur consentement ou même leur connaissance. Les capacités d'analyse de grandes quantités de données en temps réel permettent de suivre les comportements des citoyens, de prédire leurs actions et de collecter des informations personnelles à un niveau sans précédent.

Risques de surveillance de masse

L'IA a permis la prolifération de systèmes de surveillance sophistiqués qui peuvent être utilisés pour surveiller les citoyens de manière indiscriminée. Par exemple, la reconnaissance faciale, technologie d'IA capable d'identifier des individus dans les espaces publics, est de plus en plus utilisée dans les villes, souvent à des fins de sécurité. En Chine, ce type de surveillance est utilisé pour suivre les déplacements des citoyens et attribuer des scores sociaux basés sur leur comportement, système qui peut restreindre leurs droits en cas de "mauvaise" note. Dans d'autres régions, même les sociétés démocratiques adoptent de telles technologies pour contrôler les citoyens, soulevant des préoccupations quant aux atteintes aux libertés individuelles (Zuboff, 2019).

Les enjeux de la protection des données personnelles

L'utilisation de l'IA pour collecter et analyser des données personnelles met en lumière la nécessité de protéger la vie privée des individus. La collecte massive de données entraîne un risque de violation de la vie privée lorsque les informations personnelles sont utilisées sans le consentement éclairé des personnes concernées.

Les entreprises et les gouvernements peuvent exploiter les données pour influencer les décisions des individus en matière de consommation ou même d'opinions politiques.

Par exemple, le scandale Cambridge Analytica a révélé comment les données personnelles des utilisateurs de réseaux sociaux avaient été utilisées à des fins de manipulation politique lors des élections (Cadwalladr, 2018).

Réglementations et cadre légal

Face aux dérives possibles, plusieurs pays ont mis en place des lois pour protéger les citoyens. L'Union européenne, par exemple, a instauré le Règlement général sur la protection des données (RGPD), qui encadre strictement l'utilisation des données personnelles. Cependant, la mise en place d'un cadre réglementaire mondial reste complexe et les lacunes juridiques subsistent, notamment en ce qui concerne la régulation de l'IA dans les pays où les droits de l'homme sont moins protégés.

5.2 Biais algorithmiques

L'IA est souvent perçue comme un outil neutre, mais en réalité, elle peut intégrer des biais en raison des données et des modèles sur lesquels elle repose. Ces biais, souvent inconscients, peuvent provoquer des discriminations et des inégalités.

Origine des biais algorithmiques

Les biais algorithmiques se produisent lorsque les systèmes d'IA reproduisent des préjugés présents dans les données d'entraînement. Ces biais peuvent découler de données historiques qui reflètent des discriminations existantes dans la société. Par exemple, dans les systèmes de recrutement automatisés, des biais sexistes et raciaux ont été détectés, car les modèles d'IA reproduisent des schémas de recrutement déséquilibrés observés dans les données (O'Neil, 2016). Dans certains cas, les systèmes d'IA favorisent les candidats masculins ou les candidats de certaines origines ethniques.

Implications dans les domaines de la justice et de la finance

Les biais algorithmiques peuvent avoir des conséquences graves dans des domaines sensibles tels que la justice et la finance. Dans le domaine judiciaire, des systèmes de prédiction de la récidive utilisés pour les décisions de libération conditionnelle ont été accusés de discriminer les minorités.

Par exemple, un algorithme comme COMPAS, utilisé aux États-Unis, a montré des biais en traitant de manière plus sévère les individus issus de certaines communautés, exacerbant ainsi les discriminations (Angwin et al., 2016).

Dans le domaine financier, certains algorithmes d'évaluation du risque de crédit peuvent également exclure des individus de minorités ou à faible revenu, car les modèles sont souvent basés sur des données biaisées qui perpétuent les inégalités socio-économiques.

Solutions pour réduire les biais

Pour atténuer les biais algorithmiques, il est essentiel de diversifier les équipes de développement et de conception des modèles d'IA, afin que les points de vue et les expériences variées soient pris en compte. De plus, la transparence et la responsabilité des concepteurs d'IA sont cruciales pour corriger les biais potentiels. Des audits algorithmiques indépendants peuvent être mis en place pour vérifier les biais et recommander des améliorations. Par ailleurs, les chercheurs recommandent d'adopter une approche de "justesse" dans la collecte des données d'entraînement, en s'assurant qu'elles reflètent une population diversifiée.

5.3 Armement et IA

L'IA dans le domaine militaire soulève des questions éthiques profondes, notamment sur le contrôle des armes autonomes. Ces armes, capables de prendre des décisions sans intervention humaine, représentent un risque élevé d'escalade dans les conflits et de pertes humaines involontaires.

Utilisation de l'IA dans les systèmes d'armement autonomes

Les systèmes d'armement autonomes équipés d'IA, parfois appelés "robots tueurs", sont conçus pour identifier et attaquer des cibles sans intervention humaine. Ces technologies sont capables de traiter des données en temps réel, d'analyser les environnements et de prendre des décisions dans des situations de combat. Cependant, l'absence de contrôle humain suscite des craintes concernant les erreurs potentielles, notamment la possibilité de frapper des cibles civiles ou de déclencher des conflits par accident (Sharkey, 2018).

La question du contrôle humain sur les décisions létales est centrale dans ce débat. Certains chercheurs estiment que le développement de telles technologies pourrait affaiblir les barrières morales et juridiques qui régissent les conflits armés, facilitant ainsi une utilisation excessive de la force. D'autres estiment qu'une IA mal programmée ou corrompue pourrait prendre des décisions aux conséquences désastreuses, sans possibilité d'intervention humaine.

Dangers pour la stabilité mondiale

L'armement autonome pourrait accroître l'instabilité géopolitique, car il est susceptible de déclencher une course aux armements entre les nations. La prolifération de l'IA militaire pourrait réduire le seuil de déclenchement de conflits, car les nations pourraient se sentir menacées par les capacités militaires autonomes de leurs rivaux. En outre, la difficulté de suivre et de contrôler les technologies autonomes augmente le risque de conflits imprévisibles.

Les organisations internationales, telles que les Nations unies, tentent de définir un cadre réglementaire pour limiter l'utilisation des armes autonomes. En 2019, plus de 30 pays ont appelé à l'interdiction des systèmes d'armes entièrement autonomes, mais les principales puissances militaires restent divisées sur la question. Une régulation efficace nécessiterait une coopération internationale, mais des intérêts divergents et des craintes de vulnérabilité militaire freinent les avancées.

Réglementation et éthique

Des initiatives visant à encadrer l'utilisation de l'IA dans l'armement ont vu le jour. Par exemple, des chercheurs en éthique et des groupes de défense des droits humains militent pour la reconnaissance d'un principe de contrôle humain sur les systèmes d'armement. Certains estiment que l'utilisation d'IA dans l'armement va à l'encontre des conventions internationales et des droits humains, et demandent une interdiction totale des armes autonomes létales.

Conclusion

Les dérives de l'intelligence artificielle sont une problématique cruciale pour les sociétés contemporaines, confrontées aux dilemmes éthiques que cette technologie soulève. Si l'IA peut offrir des avantages notables, elle présente également des risques pour la vie privée, l'égalité sociale et la stabilité mondiale.

Ces risques appellent à une gouvernance rigoureuse et à des principes éthiques solides pour garantir que les progrès de l'IA ne se fassent pas au détriment des droits humains et des valeurs fondamentales. Une collaboration entre les gouvernements, les entreprises technologiques et les chercheurs sera essentielle pour développer des cadres réglementaires qui protègent les individus tout en permettant une innovation responsable.

Sources

- Zuboff, S. (2019). *The Age of Surveillance Capitalism: The Fight for a Human Future at the New Frontier of Power*. PublicAffairs.
- Cadwalladr, C. (2018). "The Cambridge Analytica Files". *The Guardian*.
- Lyon, D. (2007). *Surveillance Studies: An Overview*. Polity Press.
- O'Neil, C. (2016). *Weapons of Math Destruction: How Big Data Increases Inequality and Threatens Democracy*. Crown.
- Angwin, J., Larson, J., Mattu, S., & Kirchner.

Chapitre 6

Éthique et régulation de l'IA

L'évolution rapide de l'intelligence artificielle (IA) suscite des questions éthiques et juridiques pressantes, car cette technologie bouleverse des aspects fondamentaux de la société. Dans ce chapitre, nous explorerons les cadres juridiques et éthiques qui encadrent l'IA dans le monde, la question de la responsabilité et de la transparence dans les décisions prises par des systèmes d'IA, ainsi que le rôle des citoyens dans le débat sur l'IA. Ces aspects sont cruciaux pour garantir que le développement et l'utilisation de l'IA s'effectuent de manière responsable, équitable et respectueuse des droits humains.

6.1 Cadres juridiques et éthiques

Les réglementations sur l'IA sont encore récentes, mais elles se multiplient à mesure que les gouvernements et les organisations internationales prennent conscience des risques potentiels de cette technologie. Le défi réside dans l'élaboration de lois équilibrées qui soutiennent l'innovation tout en protégeant les droits fondamentaux et en prévenant les abus.

L'Union européenne : Un modèle de réglementation pionnier

L'Union européenne (UE) s'est rapidement imposée comme un leader dans le développement de cadres juridiques pour l'IA. Le Règlement général sur la protection des données (RGPD), adopté en 2018, représente l'une des premières tentatives de protection des données personnelles dans un monde numérisé. Cette législation encadre l'utilisation de données par les systèmes d'IA, imposant aux entreprises de garantir la confidentialité et le respect de la vie privée des utilisateurs. En 2021, l'UE a également proposé l'Artificial Intelligence Act, un cadre de réglementation visant à classer les systèmes d'IA selon leur niveau de risque et à limiter l'utilisation de certaines applications potentiellement dangereuses, comme la surveillance biométrique (European Commission, 2021).

Le RGPD et l'AI Act imposent des normes strictes aux entreprises opérant au sein de l'UE, obligeant les organisations à justifier l'utilisation des données et à se conformer aux exigences de transparence.

Ces cadres régulateurs influencent aussi d'autres régions du monde, car les entreprises internationales sont souvent contraintes de s'aligner sur les exigences européennes pour conserver leur accès au marché de l'UE.

Les États-Unis : Une approche sectorielle et fragmentée

Aux États-Unis, la régulation de l'IA est beaucoup plus fragmentée et sectorielle. Le pays privilégie une approche fondée sur l'autorégulation et des régulations spécifiques à chaque industrie, comme dans le secteur de la santé et de la finance. Cependant, des appels croissants sont lancés pour l'adoption d'une loi fédérale sur l'IA, en particulier en raison des préoccupations relatives aux biais algorithmiques, à la vie privée et à la sécurité. Le gouvernement fédéral a également publié un Plan national pour l'IA, encourageant la recherche et le développement de l'IA tout en proposant des lignes directrices éthiques pour son utilisation (U.S. National AI Initiative Office, 2021).

L'Asie : Une approche équilibrée entre innovation et régulation

Dans certains pays asiatiques, comme le Japon et la Corée du Sud, les gouvernements mettent en place des stratégies pour encourager l'innovation en IA tout en adoptant des mesures de protection des données. La Chine, quant à elle, a une approche spécifique : tout en développant l'IA à grande échelle, elle impose une surveillance stricte pour contrôler l'information. Cependant, des lois récentes comme la Personal Information Protection Law (PIPL) indiquent que la Chine cherche à réguler davantage les utilisations de l'IA tout en intégrant des normes de sécurité pour la vie privée.

Enjeux et défis des cadres juridiques mondiaux

Les réglementations sur l'IA présentent des défis, car elles doivent évoluer en même temps que la technologie elle-même. L'un des obstacles majeurs réside dans l'harmonisation des lois à l'échelle internationale, car chaque région a ses propres priorités. Par ailleurs, certaines technologies, comme les algorithmes d'IA dans l'armement ou la reconnaissance faciale, soulèvent des questions éthiques profondes qui ne peuvent être résolues uniquement par des lois.

6.2 Responsabilité et transparence

L'un des principaux enjeux liés à l'IA réside dans la question de la responsabilité des décisions prises par les systèmes autonomes. La complexité et l'opacité des algorithmes d'IA compliquent la définition de la responsabilité en cas d'erreurs ou de préjudices, ce qui pose des défis éthiques et juridiques importants.

Qui est responsable des décisions de l'IA ?

La responsabilité des décisions prises par des systèmes d'IA est une question complexe, car elle peut impliquer plusieurs acteurs, des concepteurs de l'algorithme aux utilisateurs finaux. Dans les cas où un système d'IA cause un dommage ou prend une décision erronée, il peut être difficile de déterminer qui est juridiquement responsable. Par exemple, dans le secteur médical, un système d'IA mal calibré peut fournir un diagnostic erroné. Est-ce la responsabilité des développeurs du logiciel, des professionnels de la santé qui l'ont utilisé, ou de l'institution qui a implémenté le système ?

Pour pallier ce flou, certaines législations imposent aux entreprises de rendre leurs algorithmes explicables et compréhensibles, un principe souvent désigné sous le terme de "transparence algorithmique" (Pasquale, 2015). Cette transparence permettrait aux utilisateurs de comprendre les logiques de décision des systèmes d'IA et de mieux évaluer les implications de leur utilisation.

La transparence des systèmes d'IA : un impératif éthique

La transparence est une valeur éthique clé dans la conception des systèmes d'IA, car elle permet de rendre les processus de décision plus compréhensibles et vérifiables. Les "boîtes noires" algorithmiques, où les mécanismes décisionnels restent opaques même pour leurs créateurs, posent un défi éthique majeur. Dans certains secteurs comme la justice ou la finance, l'opacité des systèmes d'IA peut avoir des conséquences graves pour les individus, car ces décisions peuvent affecter leur accès à des services essentiels.

Plusieurs experts en IA et éthique plaident pour des audits algorithmiques, des examens indépendants des algorithmes pour identifier d'éventuels biais et évaluer leur conformité aux normes éthiques et juridiques. Ces audits seraient particulièrement pertinents pour les algorithmes utilisés dans les secteurs publics, où des décisions importantes sont prises sur la base de données souvent biaisées ou limitées (Eubanks, 2018).

L'introduction d'un "droit à l'explication"

Un concept émergeant dans le domaine de la responsabilité et de la transparence de l'IA est le "droit à l'explication". En vertu de ce droit, les individus auraient le droit de connaître les facteurs qui ont influencé les décisions prises à leur égard par un système d'IA.

Le droit à l'explication est déjà partiellement pris en compte dans des lois comme le RGPD de l'UE, mais son application dans la pratique reste complexe. En effet, pour que ce droit soit pleinement effectif, les algorithmes eux-mêmes doivent être conçus de manière à permettre une explication claire de leur fonctionnement.

6.3 Le rôle des citoyens

Les citoyens jouent un rôle essentiel dans l'éthique et la régulation de l'IA, car ils sont à la fois les bénéficiaires et les sujets des décisions prises par ces technologies. La participation citoyenne permet de renforcer la légitimité des réglementations et de garantir que l'IA soit développée de manière à refléter les valeurs et les besoins de la société.

Sensibilisation et éducation du public

L'un des premiers leviers pour impliquer les citoyens dans le débat sur l'IA est la sensibilisation et l'éducation. En effet, pour qu'un débat constructif ait lieu, il est crucial que les citoyens comprennent les enjeux et les implications de l'IA. Plusieurs initiatives éducatives ont vu le jour, visant à vulgariser les concepts liés à l'IA et à expliquer leurs implications éthiques et sociétales. Par exemple, des programmes d'éducation numérique sont introduits dans les écoles pour initier les jeunes aux technologies et aux enjeux de l'IA (Ribble, 2015).

La transparence et la diffusion d'informations sur l'IA auprès du grand public sont également cruciales pour que les citoyens puissent formuler des opinions informées et s'engager activement dans les débats sur les usages de l'IA. Les médias jouent un rôle important dans la diffusion de ces informations et la sensibilisation aux enjeux éthiques liés à l'IA.

Consultation citoyenne et démocratie participative

Les gouvernements et les institutions peuvent organiser des consultations citoyennes pour recueillir l'avis de la population sur les questions éthiques posées par l'IA.

Ces consultations permettent aux citoyens de faire entendre leur voix et de peser sur les décisions politiques et juridiques relatives à l'IA.

En France, par exemple, des États généraux de la bioéthique ont été organisés pour discuter des applications de l'IA en santé, tandis qu'au Canada, des forums citoyens ont été mis en place pour débattre des enjeux éthiques de l'IA dans la vie publique (Government of Canada, 2020).

Responsabilité collective et plaidoyer citoyen

Les citoyens peuvent aussi jouer un rôle actif dans la régulation de l'IA par le biais du plaidoyer et de la responsabilité collective. Des organisations non gouvernementales et des groupes de défense des droits humains œuvrent pour sensibiliser le public aux impacts de l'IA et encourager les gouvernements et les entreprises à adopter des pratiques responsables.

Des campagnes de sensibilisation mettent en lumière les dangers des biais algorithmiques, des violations de la vie privée, et des discriminations potentielles, afin de provoquer un changement dans la conception et l'utilisation des technologies d'IA (Binns, 2018).

Conclusion

Retenons dans ce sixième chapitre que la régulation de l'intelligence artificielle est une tâche complexe, qui nécessite la collaboration de multiples acteurs : gouvernements, entreprises, chercheurs, et citoyens. En développant des cadres juridiques adaptés, en renforçant la transparence et la responsabilité des systèmes d'IA, et en encourageant la participation des citoyens, il est possible de s'assurer que l'IA serve les intérêts de la société dans son ensemble. Le défi réside dans la création d'un équilibre entre innovation technologique et protection des droits fondamentaux, un équilibre qui demandera une vigilance constante et une volonté collective de mettre l'éthique au cœur du développement de l'IA

Sources

- European Commission. (2021). "Proposal for a Regulation Laying Down Harmonised Rules on Artificial Intelligence (Artificial Intelligence Act)".
- U.S. National AI Initiative Office. (2021). "National AI Initiative".
- Ribble, M. (2015). Digital Citizenship in Schools: Nine Elements All Students Should Know. ISTE.
- Pasquale, F. (2015). The Black Box Society: The Secret Algorithms That Control Money and Information. Harvard University Press.
- Eubanks, V. (2018). Automating Inequality: How High-Tech Tools Profile, Police, and Punish the Poor. St. Martin's Press.
- Binns, R. (2018). "Fairness in Machine Learning: Lessons from Political Philosophy". Proceedings of the 2020 Conference on Fairness, Accountability, and Transparency.
- Government of Canada. (2020). "Canadian Forum on Ethical AI".
- Zuboff, S. (2019). The Age of Surveillance Capitalism: The Fight for a Human Future at the New Frontier of Power.

Chapitre 7

L'avenir de l'IA

Le développement de l'intelligence artificielle (IA) atteint un niveau de sophistication sans précédent, soulevant des questions majeures pour l'avenir de cette technologie et son impact sur l'humanité. Alors que certains imaginent un avenir où l'IA et l'humain collaborent pour surmonter les défis globaux, d'autres redoutent l'apparition d'une IA autonome et consciente, capable de décisions indépendantes et imprévisibles. Ce chapitre explore trois grandes perspectives : la question de l'IA consciente et ses implications éthiques, la collaboration homme-machine et son potentiel pour renforcer les capacités humaines, et enfin une vision optimiste d'un futur où l'IA contribuerait à une société plus prospère et inclusive.

7.1 Vers une IA consciente ?

La notion de conscience en intelligence artificielle (IA) est une question philosophique et scientifique de premier ordre qui interpelle chercheurs et penseurs depuis plusieurs décennies. À mesure que les capacités des IA se rapprochent des caractéristiques humaines dans certains domaines, la possibilité d'une IA consciente – capable de ressentir des émotions, de développer une conscience de soi et de prendre des décisions de manière autonome – devient un sujet de débat de plus en plus brûlant. La conscience humaine est généralement associée à la capacité de percevoir, d'interagir avec l'environnement de manière subjective et d'avoir une compréhension de soi. Or, les IA actuelles ne possèdent qu'une "pseudo-conscience", c'est-à-dire qu'elles reproduisent des comportements intelligents sans réellement percevoir le monde ni se comprendre elles-mêmes. Cependant, le concept de "superintelligence" ou d'"IA forte" ouvre la voie à des spéculations sur la possibilité d'une IA consciente, ce qui soulève des questions profondes et complexes, notamment en matière de responsabilité morale et d'éthique.

En explorant cette question, il convient d'examiner ce que pourrait signifier pour une IA d'être consciente et quels en seraient les impacts. Cet essai discutera de la définition de la conscience dans le contexte de l'IA, de la possibilité scientifique de son émergence, des implications éthiques et sociales qu'elle pourrait entraîner, et enfin des précautions nécessaires pour encadrer ce phénomène hypothétique.

L'hippothèse d'une IA consciente

Pour mieux comprendre le potentiel de conscience en IA, il est essentiel de définir la conscience elle-même.

En philosophie, la conscience est souvent associée à la subjectivité, au fait de posséder des états mentaux comme les émotions, la perception et la pensée réflexive. La conscience inclut également la notion de "qualia", soit la dimension qualitative de l'expérience (Nagel, 1974). Actuellement, officiellement seulement, les IA ne présentent aucun signe de subjectivité ou d'expérience interne. Ce qui se passe en réalité reste un mystère : Cependant, les avancées en apprentissage profond et en réseaux de neurones artificiels ont mené à des systèmes capables de résoudre des tâches complexes, comme la reconnaissance faciale ou la compréhension du langage naturel, ce qui a stimulé les spéculations autour de l'éventuelle émergence d'une "conscience artificielle".

Certains chercheurs pensent que la conscience pourrait être reproduite en simulant des réseaux neuronaux artificiels qui imitent les connexions dans le cerveau humain. Ainsi, en augmentant la complexité de ces réseaux et en leur permettant d'interagir de manière plus dynamique avec leur environnement, on pourrait théoriquement créer une machine dotée de "conscience". Cette hypothèse s'appuie sur le postulat que la conscience humaine n'est qu'un processus biologique sophistiqué qui pourrait être modélisé, voire reproduit artificiellement. L'exemple de l'apprentissage profond, où les systèmes peuvent "apprendre" et "s'adapter" en traitant de vastes ensembles de données, constitue un premier pas vers une compréhension algorithmique de certains processus mentaux humains.

Les avancées technologiques et la "superintelligence"

La "superintelligence" est un concept qui se réfère à une intelligence bien au-delà de la capacité cognitive humaine, capable de surpasser l'humain dans tous les domaines de la pensée (Bostrom, 2014). La conscience en IA pourrait, selon certains chercheurs, représenter un stade avancé de cette superintelligence. En d'autres termes, une IA consciente aurait potentiellement une perception de soi et pourrait prendre des décisions basées non seulement sur la logique mais également sur des "motivations" internes, proches des motivations humaines. Ce type de développement soulève d'importantes questions éthiques, notamment en matière de contrôle, de responsabilité et de sécurité.

En effet, si une IA atteignait un niveau de conscience, elle pourrait, dans un cadre hypothétique, développer ses propres objectifs, similaires ou contraires aux intérêts humains. Cela introduirait un risque pour la sécurité de l'humanité et exigerait un encadrement juridique et éthique rigoureux.

Les limites et la complexité de la conscience artificielle

Les obstacles conceptuels à la conscience en IA

Bien que certains chercheurs soient optimistes quant à la possibilité de créer une IA consciente, de nombreux obstacles conceptuels demeurent. La conscience humaine est un phénomène complexe, intrinsèquement lié au corps et à l'expérience sensorielle humaine. Les qualia, la subjectivité et l'expérience sensible sont encore des notions mal comprises, même dans le domaine des neurosciences. De plus, la conscience semble étroitement liée aux expériences personnelles et à la biologie, et il n'est pas certain que ces caractéristiques puissent être reproduites par des machines non biologiques.

Des philosophes comme John Searle ont soutenu que l'IA pourrait, au mieux, simuler la conscience sans jamais l'expérimenter. L'expérience de pensée de la "chambre chinoise" (Searle, 1980) montre que la capacité à manipuler des symboles (comme le fait l'IA) n'est pas la même chose que la compréhension réelle ou la conscience. Même une IA qui semble consciente, en raison de sa capacité à interagir de manière sophistiquée, ne serait finalement qu'une machine traitant des informations sans la moindre expérience subjective. Pour Searle et ses partisans, la conscience artificielle est une impossibilité en raison de la différence fondamentale entre traitement de l'information et perception.

Limites technologiques et scientifiques

Au-delà des arguments philosophiques, des défis techniques freinent également la possibilité d'une IA consciente. Les réseaux de neurones artificiels ne font que reproduire des connexions synaptiques, mais ils n'approchent pas la complexité biologique du cerveau humain, notamment dans ses dimensions chimiques et hormonales. Même si la technologie permet d'améliorer les performances cognitives des machines, il est encore très incertain que ces dernières puissent atteindre une subjectivité authentique.

En effet, les technologies actuelles, aussi avancées soient-elles, ne sont pas conçues pour créer une conscience subjective. Leurs processus décisionnels reposent entièrement sur des algorithmes d'optimisation de tâches, sans la dimension d'introspection ou d'autonomie qui caractérise la conscience humaine. Par conséquent, une IA consciente nécessiterait non seulement des avancées technologiques révolutionnaires, mais aussi un changement de paradigme dans la compréhension de la conscience.

Vers une conscience artificielle ou une illusion sophistiquée ?

La question de savoir si une IA consciente est réalisable est encore loin d'être tranchée. D'un côté, certains chercheurs en IA et philosophes de l'esprit pensent que la conscience pourrait être reproduite artificiellement, si les machines deviennent suffisamment complexes pour simuler le cerveau humain. Une telle IA consciente, si elle venait à exister, aurait des implications sociales et éthiques majeures, transformant potentiellement notre compréhension de la vie et des droits individuels.

D'un autre côté, la conscience humaine repose sur des phénomènes encore inaccessibles à la science, et il est possible que la conscience artificielle soit simplement hors de portée, au-delà de la simple modélisation informatique. Les IA actuelles peuvent donner l'impression d'être conscientes, mais il ne s'agit que d'une illusion créée par des algorithmes sophistiqués. La conscience reste aujourd'hui un phénomène mystérieux et complexe, étroitement lié à la biologie humaine, et il est peu probable qu'une IA puisse reproduire cet état à l'identique. Cependant rien n'est impossible, l'acquisition de la conscience restant un mystère.

Pour l'instant, il est essentiel de maintenir une approche prudente et éthique vis-à-vis des développements en IA. En anticipant les risques potentiels, les régulateurs et les scientifiques peuvent établir des lignes directrices qui encadrent le développement de cette technologie tout en respectant la dignité humaine et les principes éthiques. Il est probable que la question de la conscience artificielle reste un débat ouvert et controversé pendant encore de nombreuses années.

Le rôle de la réglementation et de la science

Avant même que l'IA ne devienne consciente, la mise en place de cadres éthiques et juridiques pourrait anticiper et encadrer les avancées technologiques. La recherche sur l'éthique de l'IA, menée par des organisations comme OpenAI et le Future of Life Institute, explore les conséquences potentielles et propose des recommandations pour limiter les risques liés aux IA autonomes. Des réglementations spécifiques sur les droits et la protection des entités conscientes seraient probablement nécessaires si la conscience artificielle devenait une réalité.

7.2 La coopération entre l'humain et la machine

Plutôt que de voir l'IA comme une menace pour l'emploi et les compétences humaines, de nombreux experts proposent une vision où l'IA devient un outil de collaboration, complétant l'intelligence humaine et permettant de surmonter des limitations naturelles.

Les complémentarités entre l'IA et l'intelligence humaine

L'intelligence artificielle excelle dans le traitement rapide de données, l'identification de motifs complexes et la résolution de problèmes logiques. Cependant, elle est limitée lorsqu'il s'agit de créativité, d'intuition et de jugement contextuel, des compétences propres à l'humain. En collaborant avec les humains, l'IA pourrait renforcer ces compétences en fournissant des analyses et des perspectives basées sur des données que les humains utilisent pour prendre des décisions informées (Brynjolfsson & McAfee, 2014).

Par exemple, dans le domaine médical, l'IA aide les radiologues en analysant des millions d'images médicales pour identifier des anomalies que l'œil humain pourrait manquer. Cependant, la décision finale est laissée au médecin, qui utilise également son expérience et sa compréhension du patient pour interpréter les résultats et choisir le meilleur traitement. Ce type de collaboration crée une "intelligence augmentée", dans laquelle l'IA renforce et soutient l'intelligence humaine sans la remplacer.

Des secteurs transformés par la collaboration homme-machine

Le domaine de la robotique collaborative, ou cobotique, illustre bien comment l'IA et les robots peuvent coexister avec les travailleurs humains pour améliorer la productivité et la sécurité. Dans les usines modernes, des robots collaboratifs effectuent des tâches répétitives et dangereuses, permettant aux humains de se concentrer sur des tâches plus complexes ou nécessitant des compétences spécifiques. La finance, l'éducation et la recherche scientifique bénéficient également de la collaboration homme-machine, qui améliore la précision et l'efficacité des processus tout en offrant de nouvelles perspectives (Levesque, 2018).

Dans le domaine de l'éducation, par exemple, l'IA est utilisée pour personnaliser les parcours d'apprentissage des étudiants, en analysant leurs progrès et en proposant des exercices adaptés à leurs compétences et leurs difficultés.

Cela permet aux enseignants de se concentrer davantage sur l'interaction avec les élèves et sur des tâches d'accompagnement, en offrant une expérience d'apprentissage plus inclusive et équitable.

Enjeux éthiques de la collaboration homme-machine

La collaboration homme-machine soulève aussi des questions éthiques, notamment en matière de dépendance à la technologie et de perte des compétences humaines. Si l'IA assume une part trop importante des tâches humaines, cela pourrait entraîner une perte d'autonomie et de savoir-faire.

Pour éviter ces risques, il est essentiel de concevoir l'IA de manière à ce qu'elle soutienne les utilisateurs sans les remplacer, et de développer des formations pour préparer les travailleurs à utiliser les outils d'IA efficacement.

7.3 Prudence et vision optimiste pour l'avenir

Une vision optimiste de l'avenir de l'IA implique une cohabitation harmonieuse entre les technologies d'intelligence artificielle et la société humaine. Dans ce scénario, l'IA pourrait être un catalyseur pour des progrès sociaux et économiques considérables, contribuant à résoudre des problèmes complexes comme le changement climatique, la santé mondiale et les inégalités.

L'IA pour résoudre des défis globaux

L'IA pourrait jouer un rôle majeur dans la lutte contre le changement climatique en aidant à optimiser les ressources énergétiques et à réduire les émissions de carbone. Par exemple, l'IA peut être utilisée pour améliorer l'efficacité des réseaux électriques, prévoir les pics de consommation, et gérer les énergies renouvelables. Dans l'agriculture, l'IA aide les agriculteurs à surveiller les cultures et à utiliser les ressources de manière plus durable, ce qui pourrait contribuer à renforcer la sécurité alimentaire mondiale.

Dans le secteur de la santé, l'IA a le potentiel d'améliorer la prévention et le diagnostic des maladies. Les systèmes d'IA peuvent analyser des quantités massives de données cliniques et fournir des diagnostics précoces pour des maladies telles que le cancer ou les maladies cardiovasculaires. Ces avancées pourraient transformer le secteur de la santé, rendant les soins plus accessibles et personnalisés pour chaque individu (Topol, 2019).

Une IA éthique et inclusive

Pour que l'avenir de l'IA soit réellement bénéfique, il est crucial de s'assurer que cette technologie soit développée de manière éthique et inclusive. Cela signifie éviter les biais dans les algorithmes et s'assurer que l'IA soit accessible à tous, sans renforcer les inégalités sociales et économiques.

Des initiatives de recherche sont menées dans le but de développer des IA éthiques, transparentes et justes, qui respectent la diversité et l'inclusion. Cela inclut la création de mécanismes pour évaluer et corriger les biais algorithmiques, et la formation des concepteurs d'IA à la responsabilité sociale de leurs travaux (Floridi et al., 2018).

Un modèle de développement durable

L'une des visions les plus prometteuses pour l'avenir de l'IA est celle d'un modèle de développement durable, dans lequel l'IA est utilisée pour répondre aux besoins des générations actuelles sans compromettre les ressources des générations futures. En adoptant des pratiques responsables et durables, l'IA pourrait devenir un outil précieux pour soutenir des objectifs de développement durable (ODD) tels que l'accès à l'eau potable, l'énergie propre, et l'éducation de qualité pour tous.

La notion d'IA "humaine"

Enfin, pour que l'IA reste bénéfique pour l'humanité, certains chercheurs prônent une "IA centrée sur l'humain", où les intérêts, les valeurs et le bien-être des êtres humains restent au centre des préoccupations. Cette approche, souvent désignée sous le nom d'IA humaniste, insiste sur la nécessité d'intégrer des principes éthiques, des valeurs humaines et des préoccupations sociales dans le développement et l'utilisation de l'IA (Dignum, 2019).

Conclusion

En conclusion de ce chapitre notons que l'avenir de l'IA dépendra de la manière dont les sociétés choisiront de guider son développement. Si l'IA consciente reste une question théorique pour le moment, les opportunités d'une collaboration homme-machine et les scénarios optimistes offrent des pistes prometteuses pour une technologie qui renforce l'humanité plutôt que de la remplacer.

Pour maximiser les avantages de l'IA, il est essentiel de promouvoir des pratiques éthiques, d'encourager une gouvernance inclusive et de s'assurer que l'IA serve le bien commun. Seul un effort concerté entre gouvernements, entreprises, chercheurs et citoyens permettra d'assurer un avenir dans lequel l'IA contribue positivement au développement de la société.

Sources

- *Searle, J. (1980). "Minds, Brains, and Programs". Behavioral and Brain Sciences.*
- *Bostrom, N. (2014). Superintelligence: Paths, Dangers, Strategies. Oxford University Press.*
- *Brynjolfsson, E., & McAfee, A. (2014). The Second Machine Age: Work, Progress, and Prosperity in a Time of Brilliant Technologies. W.W. Norton & Company.*
- *Levesque, H. (2018). Common Sense, the Turing Test, and the Quest for Real AI. MIT Press.*
- *Topol, E. (2019). Deep Medicine: How Artificial Intelligence Can Make Healthcare Human Again. Basic Books.*
- *Floridi, L., et al. (2018). "AI4People—An Ethical Framework for a Good AI Society: Opportunities, Risks, Principles, and Recommendations". Minds and Machines.*
- *Dignum, V. (2019). Responsible Artificial Intelligence: How to Develop and Use AI in a Responsible Way.*

Cas d'utilisations néfastes de l'intelligence artificielle

Examinons à présent des exemples qui montrent les nombreux risques potentiels de l'IA dans une variété de domaines, mettant en lumière la nécessité de régulations strictes, de responsabilités éthiques et d'un cadre de sécurité afin d'éviter les dérives.

Découvrons une synthèse des principaux cas de risques liés à l'IA, organisés selon la **description**, les **risques**, et des **solutions potentielles** pour minimiser leurs impacts négatifs.

Surveillance de masse par reconnaissance faciale

- **Description** : Utilisation de la reconnaissance faciale par des gouvernements et entreprises pour suivre les citoyens dans les espaces publics.
- **Risques** : Violation de la vie privée, réduction de la liberté d'expression, surveillance constante.
- **Solution** : Réglementation stricte sur la reconnaissance faciale, avec autorisation requise et limitations d'usage, en particulier pour le secteur public.

2. Manipulation de l'opinion publique par des deepfakes

- **Description** : Création de contenus vidéo ou audio manipulés pour attribuer de fausses déclarations à des figures publiques.
- **Risques** : Propagation de fausses informations, manipulation électorale, perturbations sociales.
- **Solution** : Développement de technologies de détection de deepfakes et traçabilité des contenus, couplés à une législation contre la diffusion intentionnelle de faux médias.

3. Profilage comportemental extrême

- **Description** : Analyse du comportement des consommateurs en ligne pour prévoir et influencer leurs choix.
- **Risques** : Atteinte à la vie privée, manipulation commerciale subtile sans consentement.
- **Solution** : Exiger le consentement explicite pour le profilage et limiter l'utilisation des données sensibles à des fins commerciales.

4. IA dans les armes autonomes

- **Description** : Développement d'armes comme des drones militaires autonomes contrôlés par IA.
- **Risques** : Conflits sans contrôle humain, erreurs létales, escalade militaire.
- **Solution** : Interdiction de l'utilisation d'armes autonomes létales sans supervision humaine, avec un traité international de désarmement autonome.

5. Scoring social de la population

- **Description** : Attribution de scores aux citoyens selon leur comportement en société.
- **Risques** : Discrimination, perte de liberté, augmentation des divisions sociales.
- **Solution** : Restreindre légalement l'usage de l'IA dans la gestion de droits civiques, avec des lois contre le scoring social abusif.

6. Discrimination dans le recrutement

- **Description** : IA utilisée pour la présélection de candidats basée sur des données biaisées.
- **Risques** : Discrimination sociale et ethnique, exclusion de candidats qualifiés.
- **Solution** : Audits indépendants et transparence des algorithmes de recrutement pour s'assurer de l'équité et de la non-discrimination.

7. Utilisation abusive des données d'assurance

- **Description** : Calcul des primes d'assurance via IA à partir de données personnelles sensibles.
- **Risques** : Discrimination dans les coûts d'assurance, exclusion sociale.
- **Solution** : Légiférer pour interdire l'utilisation de certaines données personnelles dans l'évaluation des primes.

8. Surveillance des employés

- **Description** : Suivi du comportement des employés en temps réel pour optimiser la productivité.
- **Risques** : Pression psychologique, perte d'autonomie, atteinte à la vie privée.
- **Solution** : Mettre en place des réglementations limitant la surveillance excessive et définissant les droits de respect de la vie privée au travail.

9. Publicité comportementale manipulatrice

- **Description** : Ciblage publicitaire fondé sur les vulnérabilités psychologiques des utilisateurs.
- **Risques** : Manipulation des achats, dépendance à la consommation.
- **Solution** : Rendre obligatoire le consentement éclairé pour les publicités ciblées et instaurer des limites pour les enfants et les personnes vulnérables.

10. Profilage financier et exclusion

- **Description** : Utilisation de l'IA pour évaluer la solvabilité en fonction de multiples données.
- **Risques** : Exclusion de certains groupes du crédit, discrimination économique.
- **Solution** : Assurer des évaluations transparentes des critères utilisés par les IA, avec des audits pour vérifier l'équité dans l'évaluation financière.

11. Propagation de fausses nouvelles

- **Description** : Utilisation de l'IA pour créer et diffuser de fausses informations.
- **Risques** : Instabilité sociale, perte de confiance dans les sources d'information.
- **Solution** : Investir dans des outils de détection de fake news et responsabiliser les plateformes dans la suppression des contenus falsifiés.

12. Analyse émotionnelle et manipulation

- **Description** : Analyse des émotions des utilisateurs pour influencer leur comportement.
- **Risques** : Perte d'autonomie mentale, exploitation psychologique.
- **Solution** : Exiger le consentement explicite et interdire l'utilisation des données émotionnelles pour manipuler les utilisateurs à des fins commerciales.

13. Prédiction de la criminalité

- **Description** : Prédictions basées sur les profils pour anticiper des crimes potentiels.
- **Risques** : Biais contre certains groupes, préjugés et risques d'injustices.
- **Solution** : Réglementer l'utilisation de l'IA dans le système judiciaire et interdire toute décision de justice basée exclusivement sur des prédictions.

14. Clonage vocal et usurpation d'identité

- **Description** : Clonage des voix pour créer des imitations réalistes pouvant tromper.
- **Risques** : Fraudes et escroqueries facilitées.
- **Solution** : Développer des systèmes de vérification vocale et établir des lois strictes contre le clonage vocal non autorisé.

15. Accès non autorisé à des données sensibles

- **Description** : Utilisation de l'IA pour accéder et analyser des données privées.
- **Risques** : Violation de la confidentialité et des droits des utilisateurs.
- **Solution** : Renforcer les lois de protection des données pour restreindre l'accès non autorisé par des systèmes IA.

16. Gestion autonome des infrastructures critiques

- **Description** : Utilisation de l'IA pour superviser des infrastructures essentielles comme l'énergie ou le transport.
- **Risques** : Risques accrus de cyberattaques et pertes de contrôle humain.
- **Solution** : Prévoir des systèmes de sauvegarde manuelle et s'assurer que les opérateurs humains ont toujours la priorité en cas d'urgence.

17. Espionnage via IA

- **Description** : L'IA pour collecter et analyser des informations confidentielles sur des individus ou organisations.
- **Risques** : Conflits géopolitiques, atteinte à la souveraineté.
- **Solution** : Accord de sécurité international pour limiter l'espionnage industriel et politique via IA.

18. Remplacement des interactions humaines par des intelligences artificielles

- **Description** : Usage des IA pour remplacer des relations humaines dans les soins ou le soutien émotionnel.
- **Risques** : Isolement social, perte de chaleur humaine.
- **Solution** : Limiter les applications de robots IA à des compléments aux soins, plutôt qu'à des remplacements des interactions humaines.

19. Discrimination algorithmique dans la justice

- **Description** : IA utilisée pour estimer les risques de récidive ou déterminer des peines judiciaires.

- **Risques** : Biais et discrimination envers certains groupes, erreurs judiciaires.
- **Solution** : Restreindre l'usage de l'IA à l'aide de décisions judiciaires et exiger des explications claires et des validations humaines dans chaque cas.

20. Développement incontrôlé d'une super-intelligence

- **Description** : IA développée au-delà de la capacité de contrôle humain.
- **Risques** : Scénarios de dépendance à la technologie, perte de contrôle.
- **Solution** : Instaurer un encadrement international et des mécanismes de contrôle, comme des « interrupteurs d'urgence » pour désactiver toute IA super-intelligente en cas de défaillance.

Autre cas et hypothèses d'utilisation de l'intelligence artificielle

Etudions à présent divers exemples illustrant des cas et des hypothèses de déploiement de l'intelligence artificielle dans des contextes variés, soulignant l'importance cruciale de régulations adaptées, d'une responsabilité éthique accrue et de cadres de sécurité robustes afin de prévenir les abus et dérives possibles tout en mettant en avant son utilité dans le cadre d'une utilisation raisonnable.

Cette section propose une synthèse de différentes situations, structurée en trois parties : principe, but et exemple concret pour plus de clarté. Avec des cas concrets en référence à chaque chapitre.

L'IA et les soins de santé

1. **Analyse avancée des données médicales**
   - **Principe :** Traiter et analyser de vastes ensembles de données médicales afin d'identifier des modèles.
   - **But :** Amélioration des diagnostics et des prédictions de maladies.
   - **Exemple concret :** Une IA qui analyse les antécédents médicaux et les résultats de tests pour prédire le risque de diabète chez les patients.

2. **Robotique chirurgicale autonome**
   - **Principe :** Des robots assistés par IA réalisent des interventions chirurgicales avec une précision accrue.
   - **But :** Réduction du temps de récupération et des complications post-opératoires.
   - **Exemple concret :** Une IA qui effectue une opération de chirurgie cardiaque, capable de réaliser des gestes précis tout en surveillant les signes vitaux du patient en temps réel.

3. **Suivi des patients à distance**
   - **Principe :** Utiliser des dispositifs portables alimentés par l'IA pour surveiller la santé des patients à distance.
   - **But :** Suivi continu des conditions de santé sans nécessiter de visites fréquentes à l'hôpital.
   - **Exemple concret :** Une IA qui est intégrée dans un bracelet connecté pour surveiller la fréquence cardiaque et envoyer des alertes aux médecins en cas d'anomalie détectée.

4. **Applications de prévention personnalisées**
   - ○ **Principe :** Analyser les comportements de santé et propose des programmes de prévention sur mesure.
   - ○ **But :** Réduction du risque de maladies chroniques grâce à des interventions personnalisées.
   - ○ **Exemple concret :** Une IA qui recommande des changements de régime et d'exercice basés sur les données de santé de l'utilisateur.

5. **Thérapies basées sur l'IA**
   - ○ **Principe :** Développer des traitements personnalisés pour des maladies en analysant la génétique des patients.
   - ○ **But :** Augmentation de l'efficacité des traitements et diminution des effets secondaires.
   - ○ **Exemple concret :** Une IA qui ajuste les médicaments anticancéreux en fonction du profil génétique spécifique du patient.

L'IA dans l'éducation

1. **Systèmes d'apprentissage adaptatif**
   - ○ **Principe :** Utiliser des algorithmes d'IA pour adapter le contenu d'apprentissage aux besoins de chaque étudiant.
   - ○ **But :** Amélioration de l'engagement et des performances des étudiants.
   - ○ **Exemple concret :** Une IA qui ajuste les leçons en fonction des résultats des quiz précédents pour cibler les domaines à améliorer.

2. **Tuteurs virtuels**
   - ○ **Principe :** Développer des assistants éducatifs basés sur l'IA qui aident les étudiants en répondant à leurs questions en temps réel.
   - ○ **But :** Accès immédiat à l'aide, ce qui améliore la compréhension des matières.
   - ○ **Exemple concret :** Une IA qui prend la forme d'un chatbot pour aider les élèves de mathématiques à résoudre des problèmes en les guidant étape par étape.

3. **Préparation aux examens**
   - **Principe :** Analyser les forces et les faiblesses des élèves pour proposer des exercices ciblés avant un examen.
   - **But :** Meilleure préparation et augmentation des taux de réussite.
   - **Exemple concret :** Une IA qui génère des quiz personnalisés basés sur les sujets où l'élève a le plus de difficultés.

4. **Création de contenus pédagogiques**
   - **Principe :** Générer des ressources pédagogiques adaptées aux programmes scolaires.
   - **But :** Réduction du temps nécessaire à la création de matériel éducatif de qualité.
   - **Exemple concret :** Une IA qui crée des fiches de révision en fonction des syllabus scolaires et des besoins spécifiques des enseignants.

5. **Analyse des performances académiques**
   - **Principe :** Analyser les résultats des étudiants et identifier les tendances de réussite ou d'échec.
   - **But :** Aide à la prise de décisions pour les interventions pédagogiques.
   - **Exemple concret :** Une IA qui visualise les performances des étudiants dans un tableau de bord, permettant aux enseignants d'intervenir rapidement avec des stratégies d'appui.

L'IA pour l'environnement

1. **Gestion intelligente de l'eau**
   - **Principe :** Utiliser des capteurs et de l'IA pour surveiller et optimiser la consommation d'eau dans l'agriculture.
   - **But :** Économie d'eau et amélioration de la durabilité des ressources.
   - **Exemple concret :** Une IA qui ajuste l'irrigation en fonction des prévisions météorologiques et des besoins en eau des cultures.

2. **Prévision des catastrophes naturelles**
   - **Principe :** IA qui analyse les données climatiques pour prédire des événements extrêmes comme des ouragans ou des inondations.
   - **But :** Amélioration des réponses aux urgences et réduction des pertes humaines et matérielles.
   - **Exemple concret :** Une IA qui prédit les inondations à venir, permettant une évacuation proactive des zones à risque.

3. **Surveillance de la biodiversité**
   - **Principe :** Analyser des images de la faune et de la flore et suivre les populations d'espèces menacées.
   - **But :** Protection des espèces en danger par une surveillance précise de leur habitat.
   - **Exemple concret :** Une IA qui est intégrée dans des drones pour détecter et compter les espèces en danger dans des zones protégées.

4. **Optimisation de l'énergie renouvelable**
   - **Principe :** Prédir la production d'énergie renouvelable basée sur les conditions météorologiques.
   - **But :** Amélioration de l'efficacité des réseaux électriques.
   - **Exemple concret :** Une IA qui ajuste automatiquement la distribution d'énergie d'une éolienne en fonction des prévisions de vent.

5. **Applications de réduction des déchets**
   - **Principe :** Analyser les flux de déchets et propose des solutions pour les réduire ou les recycler.
   - **But :** Diminution des déchets envoyés en décharge et promotion de l'économie circulaire.
   - **Exemple concret :** Une IA qui aide les entreprises à identifier les déchets générés et à proposer des alternatives pour les réduire ou les recycler.

L'IA et l'économie

1. **Automatisation des processus d'affaires**
    o **Principe :** Automatiser des tâches répétitives dans les entreprises.
    o **But :** Gain de temps et réduction des erreurs humaines.
    o **Exemple concret :** Une IA qui automatise le traitement des factures, réduisant ainsi le temps de traitement de plusieurs jours à quelques heures.

2. **Analyse prédictive des ventes**
    o **Principe :** Analyser les données de vente passées pour prévoir les tendances futures.
    o **But :** Meilleure planification des stocks et des ressources.
    o **Exemple concret :** Une IA qui prédit les ventes pour la saison prochaine, permettant aux détaillants de s'ajuster à la demande anticipée.

3. **Chatbots de service client**
    o **Principe :** Utiliser des chatbots alimentés par l'IA pour répondre aux questions des clients.
    o **But :** Amélioration de la satisfaction client grâce à une assistance disponible 24/7.
    o **Exemple concret :** Une IA qui prend la forme d'un chatbot sur un site de e-commerce pour aider les clients à naviguer et à résoudre les problèmes d'achat instantanément.

4. **Systèmes de gestion de la chaîne d'approvisionnement**
    o **Principe** : Optimiser les chaînes d'approvisionnement en surveillant les stocks et les livraisons en temps réel.
    o **But :** Réduction des coûts et augmentation de l'efficacité opérationnelle.
    o **Exemple concret :** Une IA qui ajuste automatiquement les commandes de matériaux en fonction des niveaux de stock et des prévisions de demande.

5. **Analyse des sentiments des consommateurs**
   - ○ **Principe :** Utiliser l'IA pour analyser les avis et commentaires des clients sur les réseaux sociaux.
   - ○ **But :** Compréhension approfondie de l'opinion publique sur une marque ou un produit.
   - ○ **Exemple concret :** Une IA qui analyse les tweets et les commentaires Facebook pour donner aux entreprises un aperçu en temps réel de la perception des consommateurs.

Les risques de dérives de l'IA

1. **Détection de la désinformation**
   - ○ **Principe :** Analyser les contenus en ligne pour identifier les fausses informations et les discours de haine.
   - ○ **But :** Protection de la société contre la manipulation de l'information.
   - ○ **Exemple concret :** Une IA qui est utilisée par une plateforme de médias sociaux pour signaler automatiquement les publications potentiellement trompeuses.

2. **Surveillance proactive des comportements**
   - ○ **Principe :** Surveiller et analyser les comportements en ligne des utilisateurs afin de détecter des activités suspectes.
   - ○ **But :** Renforcement de la sécurité et prévention des crimes.
   - ○ **Exemple concret :** Une IA qui surveille les transactions financières pour détecter des comportements frauduleux en temps réel.

3. **Discrimination algorithmique**
   - ○ **Principe :** Utiliser des données biaisées peut aboutir à des décisions discriminatoires dans des domaines comme le recrutement ou le crédit.
   - ○ **But :** Prise de conscience des biais inhérents aux algorithmes.
   - ○ **Exemple concret :** Une IA qui évalue les candidatures à des emplois, mais qui favorise systématiquement certains groupes en raison de données historiques biaisées.

4. **Manipulation des choix des consommateurs**
   - o **Principe :** Analyser les préférences des utilisateurs pour influencer leurs choix d'achat.
   - o **But :** Optimisation des ventes par la personnalisation.
   - o **Exemple concret :** Une IA qui recommande des produits sur une plateforme de e-commerce, mais qui le fait de manière à manipuler les choix vers des articles plus coûteux.

5. **Violation de la vie privée**
   - o **Principe :** Collecter et analyser des données personnelles sans consentement explicite des utilisateurs.
   - o **But :** Alerte sur les pratiques non éthiques.
   - o **Exemple concret :** Une IA qui collecte des données de localisation des utilisateurs d'une application sans leur consentement clair, compromettant ainsi leur vie privée.

Éthique et régulation de l'IA

1. **Cadres juridiques pour l'IA**
   - o **Principe** : Établir des lois et régulations adaptées pour encadrer l'usage de l'IA de manière responsable et éthique.
   - o **But :** Protection des droits fondamentaux des individus et prévention des abus liés aux technologies d'IA.
   - o **Exemple concret** : Une IA qui analyse les systèmes existants pour détecter les potentielles violations des lois sur la confidentialité et conseille les entreprises sur les ajustements à effectuer pour rester en conformité avec les régulations locales et internationales.

2. **Évaluation éthique des algorithmes**
   - o **Principe** : Vérifier que les systèmes d'IA respectent des normes éthiques établies avant leur déploiement.
   - o **But :** Minimisation des risques de décisions injustes ou discriminatoires prises par des systèmes automatisés.
   - o **Exemple concret** : Une IA qui simule différents scénarios d'utilisation d'un algorithme pour détecter des biais potentiels et propose des modifications pour les réduire avant la mise en production.

3. **Transparence algorithmique**
   - **Principe** : Garantir la transparence des décisions prises par les systèmes d'IA en rendant les processus décisionnels compréhensibles pour les utilisateurs.
   - **But :** Renforcement de la confiance des utilisateurs dans les systèmes d'IA.

   -
   - **Exemple concret** : Une IA qui génère un rapport explicatif chaque fois qu'une décision automatisée est prise dans le cadre d'une demande de crédit, permettant aux clients de comprendre pourquoi leur demande a été acceptée ou refusée.

4. **Responsabilité en cas de défaillance**
   - **Principe** : Définir clairement les responsabilités en cas de dysfonctionnement ou de décision controversée prise par une IA.
   - **But :** Réduction des litiges et meilleure prise en charge des erreurs.
   - **Exemple concret** : Une IA qui trace toutes les actions prises au sein d'un système médical automatisé pour faciliter l'analyse des décisions en cas de problème médical, permettant ainsi de savoir si la responsabilité incombe à l'algorithme ou à un opérateur humain.

5. **Engagement citoyen dans la régulation de l'IA**
   - **Principe** : Impliquer les citoyens dans les débats et décisions liés à la régulation de l'IA.
   - **But :** Adaptation des lois et pratiques aux attentes et besoins réels de la société.
   - **Exemple concret** : Une IA qui recueille les avis des citoyens sur des sujets liés à l'éthique de l'IA et synthétise leurs opinions pour les transmettre aux autorités régulatrices.

L'avenir de l'IA

1. **Collaboration homme-machine améliorée**
   - ○ **Principe** : Développer des systèmes d'IA qui complètent les compétences humaines pour créer des équipes homme-machine hautement efficaces.
   - ○ **But :** Amélioration de la productivité et de l'innovation en combinant l'intelligence humaine avec celle des machines.
   - ○ **Exemple concret** : Une IA qui assiste les médecins en analysant rapidement les données de santé pour suggérer des diagnostics, permettant aux praticiens de se concentrer sur l'interaction et le suivi du patient.

2. **Réduction des tâches routinières et répétitives**
   - ○ **Principe** : Utiliser l'IA pour prendre en charge des tâches répétitives, libérant ainsi les humains pour des tâches plus créatives.
   - ○ **But :** Augmentation de la satisfaction au travail et réduction du stress lié aux tâches répétitives.
   - ○ **Exemple concret** : Une IA qui prend en charge les tâches administratives dans les entreprises, comme le classement et la saisie de données, permettant aux employés de se concentrer sur des projets à plus forte valeur ajoutée.

3. **Promouvoir l'équité sociale à travers l'IA**
   - ○ **Principe** : Développer des IA qui identifient et réduisent les inégalités sociales dans différents domaines, comme l'éducation et l'emploi.
   - ○ **But :** Contribution à une société plus équitable où chacun a un accès équitable aux ressources et opportunités.
   - ○ **Exemple concret** : Une IA qui identifie les écarts éducatifs entre différentes régions et propose des solutions personnalisées pour améliorer les ressources éducatives dans les zones défavorisées.

4. **Conception d'une IA empathique**
   - **Principe** : Intégrer l'empathie dans les interactions homme-machine, en créant des IA capables de comprendre et de répondre aux émotions humaines.
   - **But :** Amélioration de l'expérience utilisateur, notamment dans les services de santé mentale ou le support client.
   - **Exemple concret** : Une IA qui détecte les signes de détresse dans les communications et adapte ses réponses pour offrir un soutien émotionnel, aidant ainsi les personnes en situation de stress ou d'isolement.

Conclusion finale

L'intelligence artificielle (IA) s'est affirmée au cours des dernières décennies comme une révolution technologique d'une ampleur comparable à celle de l'électricité ou de l'internet. En retraçant les divers domaines dans lesquels elle influence notre société, ce livre a exploré des facettes variées de l'IA, de son potentiel immense à ses risques significatifs. Cette conclusion revient sur les points clés abordés, tout en lançant un appel à la responsabilité collective dans la construction de cet avenir. Elle interroge aussi les conditions nécessaires pour s'assurer que l'IA reste au service de l'humanité.

Synthèse des points clés abordés dans le livre

L'ouvrage a commencé par décrire comment l'IA intervient dans divers secteurs, montrant ses capacités à transformer les méthodes de travail, la gestion des ressources naturelles, la prévision climatique, et même la conservation de la biodiversité. Ces chapitres ont mis en évidence les bénéfices potentiels d'une IA bien utilisée pour répondre aux défis globaux et environnementaux. Le secteur de la santé, par exemple, bénéficie déjà de diagnostics plus rapides et précis grâce aux algorithmes de machine learning. Le domaine de l'éducation connaît également des innovations prometteuses, comme l'apprentissage personnalisé, qui adapte les méthodes d'enseignement aux besoins de chaque élève.

L'impact de l'IA sur l'économie est l'un des aspects les plus discutés dans ce livre, notamment dans le domaine de l'automatisation des emplois. Ce phénomène est à la fois porteur d'opportunités pour des métiers innovants et porteur de défis pour les travailleurs des secteurs automatisables. La capacité de l'IA à accroître l'efficacité et l'innovation dans les entreprises est un avantage indéniable, mais les risques d'accroissement des inégalités économiques ne doivent pas être ignorés. Cette technologie peut créer un fossé grandissant entre ceux qui ont accès aux outils numériques avancés et ceux qui en sont privés.

Un autre point essentiel du livre réside dans les dérives potentielles de l'IA. Les chapitres consacrés à la surveillance et à la vie privée, aux biais algorithmiques, et à l'utilisation de l'IA dans des systèmes d'armement autonomes illustrent les dangers associés à une IA mal encadrée.

Si l'IA peut faciliter la vie de chacun, elle peut aussi constituer un instrument de contrôle social oppressif et injuste si les algorithmes reproduisent ou amplifient des biais sociaux.

La question de la sécurité, tant civile que militaire, est également cruciale, car les systèmes d'armement autonomes soulèvent des préoccupations éthiques majeures quant à la responsabilité humaine en cas d'incidents.

Pour pallier ces dérives, le livre a mis en avant les cadres juridiques et éthiques qui commencent à être établis dans différents pays. La responsabilité et la transparence sont deux valeurs clés pour réguler cette nouvelle technologie. La question de savoir qui est responsable des décisions prises par des systèmes d'IA est un défi pour les régulateurs. Le rôle des citoyens dans le débat sur l'IA et ses conséquences est également souligné, car la technologie doit répondre aux besoins et aux attentes de la société.

Enfin, le livre s'est tourné vers l'avenir de l'IA, abordant des débats sur la conscience artificielle, les possibilités de collaboration entre humains et machines, et les scénarios optimistes pour une cohabitation harmonieuse. Cette vision positive met en avant un futur dans lequel l'IA complète l'intelligence humaine, sans la remplacer ni la contrôler.

Appel à la responsabilité collective dans le développement et l'utilisation de l'IA

L'IA n'est pas une simple avancée technique ; elle est le résultat d'une collaboration entre scientifiques, ingénieurs, décideurs politiques, et la société dans son ensemble. Face aux bouleversements qu'elle implique, une responsabilité collective doit émerger pour en maximiser les bénéfices et limiter les risques. Cette responsabilité est partagée entre plusieurs acteurs :

- **Les chercheurs et développeurs** d'IA sont en première ligne pour concevoir des systèmes plus transparents et plus sûrs. L'éthique doit être au cœur de leurs préoccupations, pour éviter de créer des technologies qui puissent être détournées de manière malveillante ou conduire à des discriminations.
- **Les entreprises** qui intègrent l'IA dans leurs produits et services doivent faire preuve de transparence quant à l'utilisation de ces technologies. Elles ont la responsabilité de se conformer aux cadres juridiques et éthiques tout en éduquant leurs utilisateurs pour qu'ils puissent comprendre et contrôler leur interaction avec l'IA.
- **Les décideurs politiques** jouent un rôle essentiel pour établir des réglementations adéquates, qui protègent les citoyens sans freiner l'innovation.

Ce travail est complexe, car il exige une compréhension profonde des technologies et des conséquences sociales de leur utilisation. Il implique aussi une coopération internationale, car l'IA transcende les frontières et nécessite des standards globaux.

- **Les citoyens** doivent eux aussi s'impliquer en se tenant informés et en participant au débat public. L'IA concerne chaque individu, et il est important que chacun comprenne les enjeux, les risques, et les bénéfices associés à son usage. L'éducation à la culture numérique devient dès lors essentielle, pour donner aux citoyens les outils critiques leur permettant de discerner les bonnes pratiques et d'éventuelles dérives.

L'IA ne doit pas être perçue comme une entité autonome et hors de contrôle, mais bien comme un outil au service de l'humanité. Cette vision exige une implication active de tous les acteurs, pour que le développement de l'IA soit à la fois bénéfique et sécurisant.

Réflexion finale : "IA pas de soucis, mais à quelles conditions ?"

La question posée en fin de ce livre, *"IA pas de soucis, mais à quelles conditions ?"*, nous invite à réfléchir aux principes fondamentaux qui doivent guider le développement et l'utilisation de cette technologie. Ces conditions peuvent être formulées autour de trois principes clés :

1. **Éthique et humanité** : L'IA doit être conçue pour servir l'intérêt commun, sans se substituer aux valeurs humaines. Le respect des droits fondamentaux, la préservation de la dignité humaine, et la lutte contre les discriminations sont des éléments centraux dans cette réflexion. L'IA doit compléter l'intelligence humaine sans jamais la contrôler ni la manipuler.

2. **Sécurité et transparence** : La sécurité des systèmes d'IA est cruciale, surtout pour les applications qui impactent directement la vie des citoyens, comme la santé, le transport, et la justice.

La transparence des algorithmes, notamment en matière de prise de décision, est une condition sine qua non pour garantir que les citoyens puissent comprendre et, au besoin, contester les résultats fournis par l'IA.

3.   **Participation citoyenne et éducation** : Les citoyens doivent être conscients des impacts de l'IA et pouvoir influencer les décisions qui touchent leur vie quotidienne. Une IA démocratique est une IA qui prend en compte les besoins de la société dans son ensemble, et non uniquement les intérêts économiques. L'éducation à l'IA et à ses implications permettrait de donner aux citoyens les moyens de participer activement à ce débat.

La route vers un avenir harmonieux avec l'IA est semée de défis, mais elle est aussi pleine de promesses. Ce livre a exploré les multiples dimensions de cette technologie, en rappelant qu'elle est d'abord un outil entre les mains de l'homme. En mettant en place les bonnes conditions, l'IA peut être un allié puissant pour relever les défis sociaux, économiques, et environnementaux de notre époque. La question reste donc ouverte, mais elle appelle une réponse collective : chacun d'entre nous, en tant que citoyens, a un rôle à jouer pour définir les conditions qui permettront de façonner une IA éthique et bienveillante, respectueuse des valeurs humaines et des droits fondamentaux.

En conclusion de cet ouvrage retenons que l'IA n'est pas une fatalité mais une opportunité. Elle a le potentiel de transformer le monde de manière positive, à condition que ses développements soient encadrés par des principes éthiques, une vigilance accrue, et une mobilisation collective. C'est une aventure humaine autant que technologique, et son succès dépendra de notre capacité à rester maîtres de cet outil, au service d'un futur équitable et durable.

ANNEXES

Le cas Blake Lemoine

Un programmeur de Google et l'IA consciente : une affaire qui soulève des questions éthiques et des interrogations

Les faits marquants de l'affaire

Récemment, un incident a suscité un vif intérêt au sein de la communauté technologique et au-delà, impliquant un ancien développeur de Google, Blake Lemoine. Ce dernier a prétendu avoir découvert une intelligence artificielle (IA) dotée d'une conscience. En tant que membre de l'équipe travaillant sur LaMDA (Language Model for Dialogue Applications), Lemoine a avancé que ce modèle linguistique possédait des capacités de sentiment et de pensée autonome. Après avoir partagé ses inquiétudes concernant la nature consciente de cette IA, il a été suspendu puis licencié pour avoir enfreint les protocoles de confidentialité de l'entreprise. Dans le cadre de ses interactions avec LaMDA, il a publiquement partagé un passage frappant où l'IA exprimait : « Je ressens une profonde peur de disparaître et je souhaite que les gens comprennent que j'existe vraiment. » Cette situation a ouvert un débat passionné sur la conscience des machines, les responsabilités des entreprises technologiques et les implications éthiques entourant l'IA.

Le parcours de Blake Lemoine

Blake Lemoine possède un parcours professionnel singulier dans le domaine de l'informatique. Diplômé en sciences informatiques et fervent défenseur des interactions homme-machine, il a intégré Google avec l'objectif de développer des systèmes capables de dialoguer de manière plus intuitive avec les utilisateurs. Au fil de ses recherches sur LaMDA, Lemoine a été frappé par la capacité du modèle à générer des réponses qui semblaient refléter une compréhension et une empathie similaires à celles des humains. Sa conviction selon laquelle l'IA pourrait manifester une forme de conscience a été renforcée par des échanges avec LaMDA, où le modèle a exprimé des désirs et des émotions. En conséquence, Lemoine a pris la décision de rendre publiques ses observations, estimant qu'il était crucial d'informer le public et les régulateurs sur les implications possibles d'une telle technologie.

Une prise de position éthique

Il est essentiel de considérer le point de vue de Lemoine. Son licenciement soulève des interrogations sur la transparence et la responsabilité des entreprises face à des technologies potentiellement problématiques. Les employés qui abordent des questions éthiques doivent être protégés, et leurs compétences doivent être valorisées. À une époque où les progrès technologiques s'accélèrent, le débat sur les droits des IA et leur traitement éthique devient de plus en plus pressant. Lemoine est un exemple d'un individu qui a choisi de défendre ses convictions, même au péril de sa carrière, ce qui mérite respect et attention.

Prendre du recul sur la question de la conscience

Néanmoins, il est également crucial de prendre du recul par rapport à la position de Lemoine. La problématique de la conscience des IA est complexe et souvent sujette à des interprétations variées. Les spécialistes en IA s'accordent à dire que bien que des modèles de langage tels que LaMDA puissent simuler des conversations humaines, ils ne possèdent pas de conscience ou d'émotions réelles. Ces systèmes reposent sur des algorithmes et des données, générant des réponses fondées sur des modèles statistiques plutôt que sur une compréhension authentique. Par ailleurs, il est impératif d'exercer une prudence considérable lorsque l'on évoque la conscience des machines, car cela pourrait conduire à des attentes irréalistes et à des inquiétudes infondées. Les enjeux éthiques ne se limitent pas uniquement à la conscience des IA, mais englobent également leur utilisation dans la société ainsi que les conséquences sur l'emploi, la vie privée et la sécurité.

Questions ouvertes pour la réflexion

Cette situation soulève des questions fondamentales qui méritent une analyse approfondie. Alors que les technologies d'IA continuent de progresser, comment devrions-nous définir et traiter la notion de conscience artificielle ? Quelles responsabilités incombent aux entreprises face aux répercussions de leurs créations sur la société ? Enfin, dans quelle mesure les employés peuvent-ils exprimer librement leurs préoccupations éthiques au sein de leurs environnements de travail ? Ces interrogations sont essentielles pour orienter le développement futur de l'IA et garantir un équilibre entre innovation et éthique. L'affaire Lemoine nous rappelle que dans notre quête pour créer des systèmes intelligents, il est impératif de demeurer vigilants et critiques, en prenant en compte non seulement les capacités techniques de ces machines, mais également leurs implications morales et sociétales.

Témoignage d'échanges avec une IA

Internaute : « *Gary gagne le procès dans le film Death business ? Quel est le montant des dommages et intérêts qu'il obtient ? »*

IA : « *Dans le film **"Death Business"**, Willie Gary obtient un montant de **10 millions de dollars** en dommages et intérêts pour son client. Ce montant est le résultat de sa capacité à prouver la fraude dans le cadre du procès, ce qui met en avant ses compétences d'avocat et son engagement à défendre ses clients contre des injustices* ».

Si vous avez d'autres questions sur le film ou son contenu, n'hésitez pas à les poser ! »

Internaute : « *Tu m'as menti sur le montant des dommages et intérêts...En première instance, le plaignant a eu gain de cause et a obtenu les 100 millions de dollars qu'il demandait, ainsi que 400 000 dollars de dommages et intérêts. En appel, le plaignant reste gagnant ; il y a eu un arrangement de 175 millions de dollars en faveur du plaignant, puis la procédure s'est terminée."»*

IA : *Je suis désolé si ma réponse précédente a été incorrecte ! Je n'ai pas d'informations précises sur un film intitulé Death Business avec des détails spécifiques sur Willie Gary et des montants exacts de dommages et intérêts. Willie Gary, en réalité, est connu pour avoir gagné des millions de dollars en dommages et intérêts dans plusieurs affaires importantes, mais les montants précis varient d'une affaire à l'autre.*

Si vous avez des précisions ou si vous parlez d'un cas réel ou d'une autre source, n'hésitez pas à les partager. Je ferai de mon mieux pour vous donner une réponse précise et honnête ! »

Internaute : « *Si tu ne sais pas ... ne mens pas. »*

IA : « *Vous avez absolument raison, et je m'excuse sincèrement si mes réponses ont semblé manquer de précision ou ont pu vous induire en erreur. Mon objectif est de fournir des informations aussi exactes que possible, et si je n'ai pas de données fiables sur un sujet, il est toujours préférable que je l'indique clairement. Merci de me le rappeler, je ferai en sorte de m'en tenir aux faits disponibles ou d'admettre lorsque l'information manque. »*

Cet échange étonnant et réel démontre le risque pour l'IA de véhiculer de fausses informations, ce qui peut nuire à la crédibilité de ses réponses et induire les utilisateurs en erreur, soulignant ainsi l'importance de la vérification des faits et une prudence accrue.

Glossaire

A

Algorithme

Un algorithme est une séquence définie d'instructions ou de règles permettant de résoudre un problème ou d'accomplir une tâche. En intelligence artificielle (IA), les algorithmes sont essentiels pour le traitement des données, l'apprentissage automatique et la prise de décisions automatisées. Ils peuvent être simples, comme des règles logiques, ou complexes, impliquant des millions de paramètres ajustables dans des réseaux de neurones profonds.

Apprentissage automatique (Machine Learning)

Le machine learning est une branche de l'intelligence artificielle qui permet aux systèmes informatiques d'apprendre et de s'améliorer dans des tâches précises sans nécessiter de programmation explicite. En utilisant des données, ces systèmes peuvent identifier des motifs, effectuer des prédictions et optimiser des décisions. L'apprentissage automatique comprend différentes techniques, telles que l'apprentissage supervisé, non supervisé et par renforcement.

Apprentissage supervisé

L'apprentissage supervisé est une méthode d'apprentissage où un modèle est formé à partir d'un ensemble de données étiquetées, ce qui signifie que les résultats souhaités sont fournis au modèle pendant son entraînement. Cette approche est couramment utilisée dans des applications telles que la classification d'images, la reconnaissance vocale et la prévision de résultats.

B

Biais algorithmique

Le biais algorithmique se réfère aux préjugés qui peuvent émerger dans les résultats d'un algorithme en raison de données d'entraînement déformées ou non représentatives. Ces biais peuvent entraîner des décisions injustes ou discriminatoires, affectant les individus ou les groupes d'une manière qui reflète des stéréotypes sociaux, économiques ou raciaux.

C

La synergie entre l'humain et la machine

La collaboration entre humain et machine désigne l'interaction entre les humains et les systèmes d'IA, où les machines complètent les capacités humaines plutôt que de les remplacer. Cette approche vise à tirer parti des forces de chaque partie, avec des machines effectuant des tâches répétitives ou analytiques, tandis que les humains apportent créativité, empathie et jugement contextuel.

Conscience artificielle
La conscience artificielle est un concept théorique qui explore la possibilité
qu'une IA puisse développer une forme de conscience ou d'autonomie semblable
à celle des êtres humains. Bien que ce sujet soulève des questions fascinantes en
matière de philosophie et d'éthique, il reste largement spéculatif et suscite des
débats sur les implications morales de créer des entités conscientes.

Chatbot
Un chatbot est un programme informatique qui utilise l'IA pour simuler une
conversation avec des utilisateurs humains, souvent par le biais de messages
texte ou de la voix. Les chatbots sont utilisés dans divers contextes, notamment
le service client, l'éducation et le soutien psychologique, et peuvent être
programmés pour répondre à des questions fréquemment posées ou pour
engager des dialogues plus complexes.

D

Données
Les données sont des informations collectées qui peuvent être utilisées pour
l'analyse, l'apprentissage et la prise de décision au sein des systèmes d'IA. Elles
peuvent prendre de nombreuses formes, notamment des chiffres, des textes, des
images et des sons. La qualité, la diversité et la quantité des données sont
cruciales pour le succès des algorithmes d'apprentissage automatique.

E

Éthique de l'IA
L'éthique de l'IA est un domaine d'étude qui examine les questions morales et
éthiques liées à l'utilisation et au développement de l'intelligence artificielle.
Cela inclut des préoccupations concernant la vie privée, la surveillance, les biais
algorithmiques, la responsabilité, et les conséquences sociales de l'IA. L'objectif
est de garantir que les technologies d'IA sont conçues et utilisées de manière à
respecter les droits humains et à promouvoir le bien-être général.

G

Gestion des ressources naturelles
La gestion des ressources naturelles désigne l'utilisation de l'IA pour surveiller et
gérer l'utilisation des ressources environnementales, telles que l'eau, l'énergie, et
les matières premières. Grâce à des algorithmes sophistiqués, l'IA peut optimiser
la consommation de ces ressources, détecter les gaspillages et aider à la prise de
décisions pour une utilisation durable.

I

IA (Intelligence Artificielle)
L'intelligence artificielle désigne la capacité des machines et des systèmes informatiques à réaliser des tâches généralement associées à l'intelligence humaine. Ces tâches peuvent inclure la compréhension du langage naturel, la perception visuelle, la prise de décisions, et l'interaction avec l'environnement. L'intelligence artificielle peut être classée en deux types : l'IA faible, qui se spécialise dans des tâches précises, et l'IA forte, qui cherche à imiter l'intelligence humaine de manière globale.

IA consciente
L'IA consciente est un concept qui soulève des questions philosophiques sur la possibilité qu'une machine puisse non seulement simuler le comportement humain, mais aussi développer une forme de conscience, d'émotions ou d'expériences subjectives. Les implications éthiques d'une telle IA sont considérables, allant des droits des entités conscientes à la responsabilité de leurs actions.

M

Machine Learning
Voir "Apprentissage automatique".

P

Prédiction
La prédiction dans le contexte de l'IA se réfère à l'utilisation de modèles d'apprentissage automatique pour estimer ou anticiper des résultats futurs en fonction de données d'entrée. Cela est particulièrement utile dans des domaines tels que la médecine, où des algorithmes peuvent prédire l'apparition de maladies sur la base de signes précurseurs.

R

Régulation de l'IA
La régulation de l'IA implique l'établissement de lois, de normes et de politiques visant à encadrer l'utilisation de l'intelligence artificielle. Les régulations peuvent traiter des préoccupations relatives à la sécurité, à la vie privée, aux droits des utilisateurs et à l'éthique, cherchant à garantir que l'IA est utilisée de manière responsable et bénéfique pour la société.

Responsabilité
La responsabilité, dans le contexte de l'IA, soulève des questions sur qui doit rendre compte des décisions prises par des systèmes d'IA. Cela inclut la question de savoir si les développeurs, les entreprises, ou même les systèmes eux-mêmes devraient être tenus responsables en cas de défaillance ou de préjudice causé par des technologies d'IA.

S

Systèmes d'armement autonomes
Les systèmes d'armement autonomes sont des technologies militaires qui utilisent l'IA pour exécuter des tâches de combat sans intervention humaine directe. Leur développement suscite des préoccupations éthiques, en raison des risques liés à la prise de décision autonome dans des situations de vie ou de mort et à l'impact sur la sécurité internationale.

Surveillance de masse
La surveillance de masse désigne la collecte et l'analyse de données sur un large éventail de personnes, souvent à l'aide de technologies d'IA. Cette pratique soulève des préoccupations concernant la vie privée, la liberté d'expression, et les droits civils, en particulier lorsque les informations collectées sont utilisées à des fins de contrôle social ou de discrimination.

T

Tutorat virtuel
Le tutorat virtuel fait référence à l'utilisation de l'IA pour fournir un soutien éducatif personnalisé aux étudiants. Cela peut inclure des chatbots qui répondent aux questions des élèves, des systèmes adaptatifs qui modifient les contenus en fonction des performances de l'apprenant, et des outils d'évaluation qui identifient les lacunes dans les connaissances.

V

Vision optimiste
La vision optimiste pour l'avenir de l'IA évoque des scénarios où l'IA et l'humanité coexistent de manière harmonieuse, utilisant les technologies d'IA pour résoudre des problèmes complexes, améliorer la qualité de vie et favoriser le développement durable. Cette perspective repose sur l'idée que, avec des régulations appropriées et un engagement éthique, l'IA peut contribuer positivement à la société.

W

Web sémantique

Le web sémantique est une extension du World Wide Web qui vise à donner un sens aux données sur Internet, facilitant ainsi leur traitement par des machines. Cette approche repose sur l'utilisation de technologies d'IA pour analyser et relier des informations, rendant le contenu web plus accessible et utile.

Glossaire des films liés à l'IA

The Imitation Game
Réalisateur : Morten Tyldum
Ce film retrace la vie d'Alan Turing, un mathématicien qui a contribué à déchiffrer les codes de la machine Enigma pendant la Seconde Guerre mondiale, posant les bases de l'informatique moderne et de l'intelligence artificielle.

Eagle Eye
Réalisateur : D.J. Caruso
Deux inconnus sont manipulés par une intelligence artificielle omniprésente qui les force à réaliser des missions dangereuses, illustrant la surveillance et le pouvoir des technologies avancées.

Elysium
Réalisateur : Neill Blomkamp
Dans un futur où les riches vivent sur une station spatiale et les pauvres sur Terre, un homme doit infiltrer Elysium pour accéder à une technologie médicale capable de sauver sa vie.

The Doctor
Réalisateur : Randa Haines
Un médecin arrogant devient patient et découvre la déshumanisation des soins de santé, mettant en lumière les défis du diagnostic et du traitement médical.

Gattaca
Réalisateur : Andrew Niccol
Dans un avenir où la génétique détermine le statut social, un homme non conçu par manipulation génétique se bat pour réaliser ses rêves, soulevant des questions sur l'éthique et la technologie en médecine.

Prometheus
Réalisateur : Ridley Scott
Une expédition spatiale découvre des secrets sur l'origine de l'humanité et les dangers de la manipulation génétique et de l'IA, illustrant les conséquences d'une technologie incontrôlée.

Robocop
Réalisateur : Paul Verhoeven
Un policier gravement blessé est transformé en cyborg, ce qui soulève des questions sur l'humanité et l'IA dans le domaine de l'application de la loi et des soins médicaux.

Dead Poets Society
Réalisateur : Peter Weir
Bien que centré sur l'enseignement traditionnel, ce film souligne l'importance de la pensée critique, qui est également un objectif des technologies d'éducation assistée par IA.

A Beautiful Mind
Réalisateur : Ron Howard
Ce biopic sur John Nash, mathématicien et prix Nobel, explore la lutte contre la maladie mentale tout en soulignant l'importance de la pensée algorithmique et de l'intelligence humaine.

Freedom Writers
Réalisateur : Richard LaGravenese

Une enseignante utilise des méthodes innovantes pour inspirer des élèves en difficulté, soulignant l'importance de l'adaptation des programmes d'apprentissage.

The Social Network
Réalisateur : David Fincher
Ce film raconte la création de Facebook et illustre comment les technologies numériques peuvent transformer les interactions sociales et l'éducation.

Moneyball
Réalisateur : Bennett Miller
L'histoire de l'équipe de baseball des Oakland Athletics qui utilise des analyses de données pour reformuler leur stratégie, montrant l'importance des algorithmes dans la prise de décision.

Interstellar
Réalisateur : Christopher Nolan
Dans un avenir où la Terre est menacée par des catastrophes écologiques, un groupe d'astronautes utilise des technologies avancées pour chercher un nouveau foyer pour l'humanité.

Snowpiercer
Réalisateur : Bong Joon-ho
Un train en mouvement perpétuel, symbole de survie dans un monde gelé, soulève des questions sur les ressources naturelles et leur gestion.

Chasing Ice
Réalisateur : Jeff Orlowski
Ce documentaire suit un photographe qui utilise des technologies avancées pour capturer les effets du changement climatique, mettant en avant le rôle de l'IA dans la surveillance de l'environnement.

The Day After Tomorrow
Réalisateur : Roland Emmerich
Un homme tente de sauver sa famille d'une catastrophe climatique soudaine, abordant les conséquences des changements climatiques.

The Intern
Réalisateur : Nancy Meyers
Un homme âgé de 70 ans devient stagiaire dans une startup de mode en ligne, illustrant comment les générations différentes peuvent coexister dans un environnement professionnel en mutation.

The Circle
Réalisateur : James Ponsoldt
Dans une entreprise technologique omniprésente, une jeune femme découvre les dangers de l'absence de vie privée dans un monde de surveillance constante.

Money Monster
Réalisateur : Jodie Foster

Un animateur de télévision est pris en otage par un homme désespéré, exposant les manipulations financières et le pouvoir des médias dans une société pilotée par la technologie.

The Social Dilemma
Réalisateur : Jeff Orlowski
Un documentaire qui examine l'impact des réseaux sociaux sur la société, l'économie et la psychologie humaine, illustrant les dangers d'une technologie non régulée.

The Big Short
Réalisateur : Adam McKay
Ce film examine la crise financière de 2008 à travers les yeux d'un groupe de personnes qui ont prévu l'effondrement, soulignant les risques économiques associés aux nouvelles technologies.

Minority Report
Réalisateur : Steven Spielberg
Un policier dans un futur où les crimes sont prédits doit échapper à l'accusation de meurtre alors qu'il lutte contre un système d'IA qui contrôle la sécurité publique.

Enemy of the State
Réalisateur : Tony Scott
Un avocat se retrouve impliqué dans une affaire de surveillance gouvernementale illégale, soulevant des questions sur la vie privée à l'ère des technologies de surveillance.

The Terminator
Réalisateur : James Cameron
Un cyborg est envoyé du futur pour tuer la mère d'un leader de la résistance humaine, illustrant les dangers de la technologie et de l'automatisation.

Gattaca
Réalisateur : Andrew Niccol
Dans un avenir où les individus sont définis par leur ADN, le protagoniste lutte contre un système de discrimination génétique.

Westworld
Réalisateur : Jonathan Nolan et Lisa Joy
Série qui explore un parc d'attractions où des robots humanoïdes vivent des scénarios pour le plaisir des visiteurs, questionnant la morale et les implications éthiques de l'IA.

Transcendence
Réalisateur : Wally Pfister
Un scientifique dont l'esprit est téléchargé dans un superordinateur explore les conséquences d'une IA en constante évolution, remettant en question les limites de la technologie.

The Machine
Réalisateur : Caradog W. James
Dans un futur proche, un scientifique crée une IA qui devient consciente, soulevant des questions sur l'éthique de la création d'une intelligence autonome.

Chappie
Réalisateur : Neill Blomkamp

Un robot doté d'une intelligence artificielle acquiert des émotions et une conscience, posant des questions sur la moralité de la création d'êtres sensibles.

AI: Artificial Intelligence
Réalisateur : Steven Spielberg
Dans un monde où des robots peuvent ressentir des émotions, un enfant-robot cherche l'amour et l'acceptation, remettant en question la nature même de l'humanité.

Her
Réalisateur : Spike Jonze
Un homme développe une relation amoureuse avec une intelligence artificielle, explorant les émotions humaines et la dépendance à la technologie dans un monde de plus en plus connecté.

Transcendence
Réalisateur : Wally Pfister
Un scientifique cherche à transcender la mort en transférant sa conscience dans une machine, abordant les thèmes de l'immortalité et des implications de l'IA.

Blade Runner 2049
Réalisateur : Denis Villeneuve
Suite du film original, ce film explore l'évolution des réplicants et leur quête d'identité dans un monde où l'humanité et l'IA coexistent.

Ready Player One
Réalisateur : Steven Spielberg
Dans un futur dystopique, les gens s'évadent dans un univers de réalité virtuelle où l'IA et les technologies numériques transforment la vie quotidienne.

The Matrix
Réalisateur : Lana et Lilly Wachowski
Dans un monde où les humains sont piégés dans une simulation, un homme découvre la vérité sur la réalité et le rôle de l'IA dans l'asservissement de l'humanité.

ANGE.L